Villes et Villages Fleuris

65 ans

W0312781

Parc de la Tête d'Or, Lyon.

© LAUDIBI - STOCK.ADOBE.COM

AUVERGNE-RHÔNE-ALPES

Avec plus de 8 millions d'habitants, la région Auvergne-Rhône-Alpes est composée de 12 départements : l'Ain, l'Allier, l'Ardèche, le Cantal, la Drôme, l'Isère, la Loire, la Haute-Loire, le Puy-de-Dôme, le Rhône, la Savoie et la Haute-Savoie. Située dans le quart sud-est de la France, elle se regroupe autour de grandes métropoles que sont Lyon, capitale de la gastronomie, Grenoble, ou encore Saint-Étienne. Avec pas moins de 10 Parcs naturels régionaux sur son territoire, c'est l'endroit idéal pour les amateurs de grands espaces, de sports d'hiver et de panoramas à couper le souffle sur les Alpes et le Mont-Blanc.

AIX-LES-BAINS

32 401
HABITANTS

Entre lac et montagne, nichée entre les rives du lac du Bourget et les contreforts des Alpes, Aix-les-Bains est un écrin naturel offrant une multitude de paysages : plaine, montagne, forêts, rivières, prairies… Réputée pour ses eaux thermales depuis l'Antiquité, la ville offre également un cadre de vie exceptionnel grâce à son climat doux et à son environnement préservé.

© LIVA - STOCK.ADOBE.COM

Parc des Thermes à Aix-les-Bains.

DES JARDINS REMARQUABLES

Aix-les-Bains se distingue par ses nombreux espaces verts qui invitent à la flânerie et à la contemplation. Le Parc des Thermes, véritable joyau horticole en plein cœur de la ville, est un lieu incontournable où se côtoient essences centenaires, massifs fleuris et mosaïcultures soigneusement entretenues par les jardiniers de la ville.

Autre lieu emblématique, le Jardin japonais offre une atmosphère zen propice à la méditation, avec ses érables et ses bassins aquatiques, dans un cadre d'une grande sérénité.

LE LAC DU BOURGET ET SES ALENTOURS

Le plus grand lac naturel de France est un véritable trésor pour les amateurs de balades et de découvertes en plein air. La promenade lacustre, longeant ses rives, offre des panoramas époustouflants sur les montagnes environnantes. Les aménagements autour du Grand Port et du Petit Port permettent de profiter pleinement du bord de l'eau, que ce soit pour une promenade ombragée sous les platanes, une sortie en bateau ou un moment de détente sur les plages aménagées.

La baie de Mémard, espace naturel protégé, est un havre de paix où la faune et la flore locales s'épanouissent, offrant une parenthèse de calme à quelques pas du centre-ville. Les plus aventureux pourront grimper jusqu'au belvédère de la Chambotte, qui offre une vue imprenable sur le lac et ses environs.

Pratique

- **Fleur d'Or (2011 et 2017).**
- **Les marchés** : mer. matin place Clemenceau ; mer. en journée square Alfred Boucher ; sam. matin place Clemenceau.
- **Mairie** : Place Maurice Mollard.
✆ 04 79 35 07 95
www.aixlesbains.fr

ANNECY

131 715
HABITANTS

Au bord du lac le plus pur du monde, la « Venise des Alpes » offre un cadre exceptionnel à ses habitants et visiteurs. Annecy met en avant son patrimoine végétal, avec 19 hectares de verdure sur son territoire : les jardins de l'Europe, au bord du lac ; le parc Charles Bosson et sa roseraie ; le Pâquier et son immense pelouse au cœur de la ville... Canaux sinueux et ruelles pavées se répondent et révèlent également un paysage coloré.

UN FLEURISSEMENT PARTAGÉ

Les massifs communaux sont réalisés avec une multitude de fleurs et de bulbes variés, permettant ainsi un fleurissement saisonnier. Certains espaces également sont confiés aux habitants, sous forme de jardins partagés. Chaque année, au printemps, Les Chlorophylles réunissent les passionnés de fleurs, plantes et d'aménagement paysager dans le parc Vignières Pommaries.

DES JARDINS PÉDAGOGIQUES

Le jardin Alpin permet notamment de découvrir la botanique typique des prairies alpines, avec des sentiers balisés et des jeux en autonomie installés sur le site. Le square de l'Évêché invite quant à lui à réfléchir aux grands enjeux du changement climatique.

Pratique

- **Fleur d'Or (2015 et 2021).**
- **Les marchés** : tous les mar. ven. et dim. matins dans la vieille ville.
- **Hôtel de ville** : Place de l'Hôtel de Ville.
✆ 04 50 33 88 88 – www.annecy.fr

© KEITMA - SHUTTERSTOCK.COM

Quai de l'Évêché à Annecy.

ANNEMASSE

37 918 HABITANTS

Située au sud-ouest du Lac Léman, Annemasse a su adapter son passé de ville industrielle tournée vers le chemin de fer pour créer un cadre de vie agréable et arboré. Le végétal vient ainsi embellir le territoire, avec notamment 200 arbres plantés par an. La ville a mis en place des liaisons piétonnes végétalisées permettant de relier le centre-ville depuis les différents quartiers.

LES PARCS DE LA VILLE

En plein centre-ville, le parc Claudius Montessuit offre un agréable lieu de détente. On y trouve notamment la Villa du Parc, centre d'art contemporain. Aux portes de la ville, La Fantasia est un endroit paisible qui s'anime l'été venu : tous les vendredis soirs de juillet et août, de la musique du monde y résonne dans le cadre des Musical'été.

Pratique

- **Les marchés** : les mar. et ven. matins place de la Libération ; les mer. matins places du Jumelage et Jean Jaurès.
- **Hôtel de ville** : Place de l'Hôtel de ville.
✆ 04 50 95 07 00
www.annemasse.fr

CHAPONNAY

4 465 HABITANTS

Chaponnay s'organise autour de son parc municipal, véritable poumon vert de la commune. On y découvre ainsi plus de 200 arbres répartis sur 4,5 ha, dont certaines essences centenaires : douglas bleus, cèdres, ginkgo biloba, féviers d'Amérique, pins de Weymouth, et micocouliers de Virginie… La ville offre également un fleurissement très riche, aussi bien dans les rues qu'au niveau des bâtiments municipaux. Trois boucles de sentiers de randonnée pédestre s'étendent sur près de 26 km et permettent de sillonner le territoire.

Pratique

- **Prix de la mise en valeur du label (2013).**
- **Le marché hebdomadaire** a lieu tous les jeu. matins, place de la Mairie.
- **Mairie** : 2, place de la Mairie.
✆ 04 78 96 00 10 - www.mairie-chaponnay

ÉCULLY

18 361 HABITANTS

Autrefois haut lieu de la noblesse lyonnaise, Écully offre un paysage vallonné et boisé avec un patrimoine arboré remarquable. La devise de la ville, Semper virescens – « Toujours verdoyant », met en avant son implication pour ses espaces naturels. Deux sentiers pédestres permettent notamment de les découvrir : le circuit du Val de Serres (8,5 km) et le sentier du Bois de Serres (3,8 km) où observer la faune et la flore locales.

Pratique

- **Les marchés** : tous les mar. après-midi devant la mairie ; les jeu. et sam. matins place du marché.
- **Mairie** : 1, place de la Libération.
✆ 04 72 18 14 98
www.ecully.fr

Bienvenue DANS NOS VILLES et VILLAGES FLEURIS

Nous fêtons cette année les 65 ans du label. Au fil des pages de ce guide, nous vous invitons à découvrir des communes passionnées, engagées dans la préservation de leur cadre de vie.

Qu'elles soient blotties au cœur de nos campagnes, en périphérie des villes, à la montagne ou en bord de mer, elles vous proposent des balades reposantes, des séjours vivifiants et des découvertes inédites… Laissez-vous surprendre par la diversité et la beauté de ces lieux !

Les communes labellisées 4 fleurs que vous rencontrerez sont des exemples de réussite. Leur créativité paysagère, leur gestion écologique et la mise en valeur de leur patrimoine bâti sauront ravir les amoureux de grands espaces pittoresques et verdoyants.

Partez explorer des territoires où l'art de vivre se conjugue avec respect de l'environnement. Ensemble, avec ces collectivités pionnières, nous construisons un avenir plus durable où la nature retrouve toute sa place pour le bien-être de chacun.

Je vous souhaite de belles découvertes !

Thibaut Beauté

Président du Conseil National des Villes et Villages Fleuris

PEFC
10-31-1895
Certifié PEFC
Ce produit est issu de forêts gérées durablement, de sources recyclées et contrôlées
www.pefc-france.org

SOMMAIRE

CALUIRE-ET-CUIRE

Au cœur de l'agglomération lyonnaise, Caluire-et-Cuire est bordée par la Saône et le Rhône. On y découvre ainsi un cadre exceptionnel qui permet de faire entrer la nature en ville, comme avec la présence d'une voie verte de 4 km très appréciée des cyclistes, coureurs et promeneurs. L'occasion également de flâner dans le jardin interreligieux d'Eden, véritable lieu de partage, de paix et de fraternité.

UNE FAUNE ET UNE FLORE RICHE

Si l'on dénombre 11 espèces d'orchidées sauvages sur le territoire, c'est au bois de la Caille et ses zones que l'on retrouve une grande biodiversité : 13 espèces de chauves-souris, ainsi que des salamandres tachetées, libellules et autres alytes accoucheurs

UN CHEMIN NATURE

À deux pas de Cuire le Bas, ce sentier a été aménagé au plus près de l'eau pour offrir une promenade bucolique aux passants. Un tronçon de 11 km permet également de relier la pointe de la Confluence à l'Île Barbe, pour les plus sportifs.

LES BERGES DU RHÔNE

Niché entre le Rhône et le quartier Saint-Clair, le parc des Berges offre 27 000 m² de pelouses, des belvédères sur le fleuve et 2 km de sentier piéton. On y trouve également une roseraie labellisée « Collection nationale des roses botaniques », avec une collection de 153 espèces de roses sauvages pour près de 270 rosiers.

Pratique

- **Les marchés** : les jeu. et sam. matins, allée du parc de la Jeunesse ; les mar. matins place Demonchy.
- **Hôtel de ville** :
Place du Docteur Frédéric Dugoujon.
✆ 04 78 98 80 80– www.ville-caluire.fr

43 572 HABITANTS

© ERIC - STOCK.ADOBE.COM

Quai Bellevue, Caluire-et-Cuire..

CHÂTILLON-SUR-CHALARONNE

5 059 HABITANTS

Châtillon-sur-Chalaronne est l'une des premières communes à avoir été labellisée « Villes et Villages Fleuris ». Sa capacité à s'adapter aux enjeux climatiques actuels a été saluée par le prix des 65 ans du label. La ville a su sublimer son patrimoine grâce à une palette végétale remarquable, mettant en lumière ses vestiges préhistoriques et médiévaux. Elle offre plusieurs parcs et jardins à découvrir, dont l'arboretum avec ses 242 espèces d'arbres et son jardin botanique.

Pratique

- **Prix des 65 ans du label (2024).**
- **Les marchés** : le sam. matin, sous les halles et place du Champ de Foire ; **classé « marché d'exception » et élu Plus beau marché de la région Auvergne-Rhône-Alpes**.
- **Hôtel de ville** : 23, place de l'Hôtel de Ville. ✆ 04 74 55 04 33 www.chatillon-sur-chalaronne.fr

ÉVIAN-LES-BAINS

9 214 HABITANTS

© SAMUEL BORGES PHOTOGRAPHY - SHUTTERSTOCK.COM

Évian-les-Bains et son port de plaisance.

Au bord du lac Léman, Évian-les-Bains bénéficie d'un environnement naturel exceptionnel en toutes saisons. Entre lac et montagne, la station touristique est le point de départ idéal pour les skieurs en hiver, ou les amateurs de balades au grand air dans les alpages d'été. Célèbre pour son eau, Évian est un véritable petit havre de paix.

LA PROMENADE

De la piscine jusqu'au port, la promenade d'Évian, imaginée par l'architecte Novarina et le paysagiste Neukom, est une jolie « vitrine paysagère ». On y admire notamment un séquoia géant pleureur qui enjambe le quai.

LES JARDINS

Le jardin japonais, l'un des plus anciens de la ville, rassemble des conifères nains, des érables et un bassin qui donne au tout une ambiance « zen » très agréable. À l'est du débarcadère, le jardin anglais s'étire sur près d'1 km le long du lac. Enfin, le jardin des amoureux est empli d'un parfum de roses propice aux balades paisibles.

Pratique

- **Fleur d'Or (2009 et 2015).**
- **Le marché hebdomadaire** a lieu tous les mar. et ven. matins, dans le quartier de l'église et sur la place Charles-de-Gaulle.
- **Hôtel de ville** : Rue de Clermont. ✆ 04 50 83 10 00 - www.ville-evian.fr

CHAMBŒUF

Fleur d'Or – Villes et Villages Fleuris – 2024

Surplombant la plaine du Forez, Chambœuf est un magnifique village-jardin dédié à la rose. Depuis 2014, on y rend hommage à Antoine Meilland, rosiériste natif du village. La commune offre également plusieurs sentiers et balades, dont une jolie coulée verte. L'Orée du bois est un espace vert arboré où se côtoient ruisseau, cascade, jardin pédagogique et aires de pique-nique.

LA REINE DES FLEURS

Les roses sont mises à l'honneur dans tout le village et 6 000 plants de 150 variétés ont ainsi été plantés ; à admirer en suivant le parcours dédié : roses anglaises, romantiques, historiques, paysagères, classiques, anciennes, ou encore grimpantes. La Maison de la Rose permet également de plonger dans l'univers authentique de la famille Meilland.

DES CIRCUITS DE RANDONNÉE

Plusieurs circuits pédestres font halte à Chambœuf et permettent d'en découvrir toutes les facettes : le circuit de la Rose entre la roseraie de Saint-Galmier et le village-jardin alliant randonnée et découverte du patrimoine ; ou encore l'un des 4 chemins du pèlerinage de Saint-Jacques de Compostelle.

Pratique

- **Chambœuf fait partie du Pays d'art et d'histoire du Forez.**
- **Mairie** : 2, place de l'Église.
✆ 04 77 54 03 72
www.chamboeuf.fr

1 797 HABITANTS

© IMLADRIS - STOCK.ADOBE.COM

Chamboeuf.

DIVONNE-LES-BAINS

10 340 HABITANTS

Au bord du lac Léman et des montagnes du Jura, Divonne-les-Bains est une station thermale réputée. Différents paysages se côtoient, entre plaines, forêts, lacs et rivières, pour un panorama très prisé sur le massif du Mont-Blanc. L'endroit est idéal pour venir se ressourcer, partir à l'aventure ou encore à la découverte du patrimoine culturel local, à seulement quelques minutes de Genève et de la Suisse.

FAIRE ENTRER LA NATURE EN VILLE

La municipalité a à cœur de faire entrer la nature dans l'espace urbain, grâce notamment à la mise en place de coulées et voies vertes, la réduction des voiries, ou encore en proposant de nombreux espaces verts. Depuis 20 ans, le fleurissement de la ville se fait par quartier, chacun correspondant à une couleur et suivant une thématique annuelle.

LE LAC DE DIVONNE

D'une superficie de 45 ha, le lac offre une agréable balade à découvrir à pied, à roller, à vélo ou encore en rosalie, et ce en toute saison. On y découvre notamment le Chemin des planètes, où notre système solaire est représenté à échelle infinitésimale.

Pratique

- **Les marchés** : le ven. matin place Perdtemps ; et le dim. matin en centre-ville.
- **Hôtel de ville** : 73, avenue des Thermes. ✆ 04 50 20 47 00 www.divonnelesbains.fr

© JULIEN LEIV - STOCK.ADOBE.COM

Promenade du lac à Divonne-les-Bains.

LYON

522 228
HABITANTS

Commune la plus peuplée à détenir le label « 4 Fleurs », Lyon est une ville verte où il fait bon vivre. Aux confluents du Rhône et de la Saône, Lyon offre une diversité de paysages : collines, massifs montagneux, plaines… Entre ville et nature, les berges offrent ainsi de beaux moments de balade propices aux déplacements doux, particulièrement agréables en pleine ville.

GERALD VILLENA - STOCK.ADOBE.COM

Vue sur Lyon depuis le jardin des Curiosités.

UNE HISTOIRE ANCIENNE

Point de rencontres, de passages et d'échanges, Lyon a toujours été une ville centrale. Inscrite au patrimoine mondial de l'UNESCO, la ville dispose d'un patrimoine architectural et culturel d'exception. Mais c'est également l'histoire horticole de la ville qui a fait sa réputation, puisque Lyon exportait déjà des plantes au XIXe siècle ! Ainsi, près de 40 000 espèces de fleurs, fruits et légumes furent créées dans la cité.

UN GRAND PARC URBAIN

Le parc de la Tête d'Or est un véritable jardin à l'anglaise et l'un des plus grands parcs urbains de France : 7 661 arbres, 105 ha de pelouses où se côtoient arbres centenaires, massifs fleuris, magnifique roseraie de plus de 16 000 rosiers, serres du Jardin botanique, parc zoologique...

DE BEAUX PANORAMAS

Sur les hauteurs de Saint-Just, le jardin des Curiosités offre un point de vue imprenable sur toute la ville et au-delà. En bas de la colline de Fourvière, le parc des Hauteurs se découvre à pied ou en funiculaire. L'occasion de s'arrêter au jardin du Rosaire pour admirer ses collections de roses anciennes et d'hortensias, d'observer l'ancien chemin du Viaduc et la vue sur la colline de la Croix-Rousse.

Pratique

- **Prix national de l'Arbre (2013).**
- **Prix national de la préservation de l'environnement (2024).**
- **5 parcs lyonnais sont labellisés « éco-jardin »** : parcs de la Tête d'Or, du Vallon, de Gerland-Henry Chabert, de la Cerisaie, et de Brétillod.
- **Hôtel de ville** : Place de la Comédie.
✆ 04 72 49 48 00
www.lyon.fr

MEGÈVE

3 356 HABITANTS

À 1 113 m d'altitude, Megève offre un cadre exceptionnel et une vue directe sur le Mont-Blanc. La ville a tout pour ravir les amateurs des grands espaces et les visiteurs à la recherche d'un village typique. Le fleurissement de la ville permet également de mettre en valeur le patrimoine local, fait de chalets et de maisons fortes. Entre alpages et montagne, on y découvre ainsi de belles essences locales, particulièrement adaptées au climat montagnard.

DE L'ALPAGE AU SKI

Les 400 km de pistes skiables de la ville sont également exploitées en été, se transformant en alpages. Megève dispose en outre de 2 685 ha d'espaces verts et de 50 km de sentiers balisés pour explorer le paysage alpin.

SENSIBILISER À LA NATURE

De nombreuses animations sont mises en place par la municipalité, afin de faire participer ses habitants : concours de fleurissement, initiations au jardinage, labo-rando pour découvrir la nature… Entre autres initiatives, le Jardin des Simples permet de mettre en avant toute une variété de plantes aromatiques et médicinales.

Pratique

- **Fleur d'Or (2023).**
- **Le marché hebdomadaire** a lieu le vendredi matin, rues Muffat et Feige.
- **Mairie** : 1, place de l'Église.
✆ 04 50 21 26 05
www.mairie.megeve.fr

© TOMÁS GUARDIA BENCOMO - ISTOCKPHOTO.COM

Megève.

MONTELIER

4 322 HABITANTS

Perché dans la vallée du Rhône, Montélier offre un patrimoine naturel remarquable, avec plusieurs jardins et une thématique florale annuelle. Vous pourrez découvrir le Jardin botanique et ses 7 massifs dédiés aux arbres à fruits décoratifs et gustatifs, pour contempler des fruits d'autrefois et leurs propriétés médicinales ; le Jardin Sémaphore, avec plantations botaniques et kiosque à oiseaux ; le Jardin mexicain et ses variétés de cactus ; ou encore la promenade du Jardin des rêves.

Pratique

- **Le marché hebdomadaire** a lieu tous les sam. matins, rue des Jardins.
- **Mairie** : 10, avenue du Vercors. ✆ 04 75 59 93 93 - www.montelier.com

MORESTEL

4 600 HABITANTS

Cité des peintres, des poètes et des fleurs, Morestel est réputée pour son riche patrimoine culturel. La commune propose des compositions florales évolutives au fil des saisons, et un circuit dans le vieux Morestel permet de parcourir les quartiers fleuris avec soin. Le Jardin de ville, dessiné selon le thème de la palette de couleurs du peintre, ou encore le Jardin alpin sous les remparts, sont à découvrir au cours d'une promenade.

© GERALD VILLENA - STOCK.ADOBE.COM

Balade sur les remparts à Morestel.

Pratique

- **Prix du cadre de vie (2021).**
- **Le marché hebdomadaire** a lieu tous les dim. matins.
- **Marché le plus dynamique du Nord Isère (2007).**
- **Hôtel de ville** : 100, place de l'Hôtel de Ville. ✆ 04 74 80 09 77 - www.morestel.fr

NANCES

518 HABITANTS

Au cœur de l'Avant Pays Savoyard, Nances séduit les visiteurs grâce à son patrimoine architectural et historique : fours, lavoirs... Des sentiers pédestres offrent de magnifiques points de vue sur le lac d'Aiguebelette qui borde le village, ou sur l'un des deux cours d'eau qui le traversent : le Bye et la Leysse.

Pratique

- **Nances fait partie du Parc naturel régional de Chartreuse.**
- **Le marché hebdomadaire** a lieu tous les ven. après-midi, sur le parking au niveau de la sortie autoroutière du lac d'Aiguebelette.
- **Mairie** : 1616, route du Chef-Lieu. ✆ 04 79 28 73 88 - www.nances.fr

SAINT-GALMIER

5 984
HABITANTS

Saint-Galmier, ancienne cité gallo-romaine, possède un patrimoine historique très riche et doit sa renommée à la source d'eau minérale gazeuse naturelle Badoit. Le village est également particulièrement fleuri, notamment grâce à sa Roseraie. Située en bord de la rivière Coise, elle abrite plus de 300 variétés anciennes et modernes, ainsi qu'une collection de viburnum, vivaces et graminées.

© CCBM - SHUTTERSTOCK.COM

Roseraie de Saint-Galmier.

Pratique

- **Prix Station Verte (2013).**
- **Prix national de la diversité végétale (2019).**
- **Les marchés** : tous les lun. matins et ven. après-midis.
- **Mairie** : Place de la Devise.
✆ 04 77 52 74 00 - www.saint-galmier.fr

SAINT-VULBAS

1 255
HABITANTS

Petite commune de l'Ain, Saint-Vulbas oscille entre histoire et industrie, comme en témoignent les nombreux vestiges gallo-romains. De magnifiques massifs fleurissent le village avec goût, beau mélange de plantes structurantes, aériennes et évolutives, agrémentés d'arbustes et de plantes vivaces. De nombreuses actions en faveur de la biodiversité y sont mises en place : jachères, serres communales, nichoirs à mésanges, compost, éco-pâturage....

Pratique

- **Prix du jardinier (2018).**
- **Le marché hebdomadaire** a lieu tous les jeudis après-midi.
- **Hôtel de ville** :
Espace Charles de Gaulle.
✆ 04 74 61 52 09
www.ville-saint-vulbas.fr

SAINT-GERVAIS-LES-BAINS

Fleur d'or – Villes et Villages Fleuris – 2024

Au cœur du pays du Mont-Blanc et à la frontière avec l'Italie, Saint-Gervais-les-Bains est une station thermale et de sports d'hiver réputée. Adapté au rythme des saisons, le fleurissement s'effectue avec des espèces mellifères et endémiques, dans une démarche artistique intégrée à l'espace urbain. Un verger conservatoire permet notamment de découvrir des arbres greffés de variétés anciennes.

LE SPORT EN PLEIN AIR

Le parc thermal du Fayet est un magnifique écrin de verdure de 12 ha où une multitude d'activités sont proposées aux visiteurs : escalade, accrobranche, canyoning… Quant aux amoureux des sports d'extérieurs, ils seront servis avec une balade jusqu'à la Plaine de Pratz : terrains de tennis et de football, mini-golf…

DEUX ASCENSEURS INNOVANTS

En plus d'être totalement gratuit, l'ascenseur des Thermes est un moyen de transport ingénieux : doté d'un système hydraulique qui utilise les eaux usées de la commune, il permet de rejoindre le bas (ou le haut) du village en seulement 1 min 30. Quant à l'ascenseur Valléen, issu d'une nouvelle génération de transport câblé, il relie notamment le bourg de Saint-Gervais à celui du Fayet.

Pratique

- Saint-Gervais les Bains fait partie de la commune nouvelle de Saint-Gervais Mont-Blanc aux côtés de Le Fayet, Saint-Nicolas de Véroce et Le Bettex.
- **Prix national de la mise en valeur du patrimoine (2021).**
- **Le marché hebdomadaire** a lieu tous les jeu. matins, en centre-village.
- **Hôtel de ville** :
50, avenue du Mont d'Arbois.
✆ 04 50 47 75 66
www.saintgervais.com

5 719 HABITANTS

© BORIS MOLINIER

Saint-Gervais-les-Bains.

VALENCE

64 749 HABITANTS

Entre Vercors et Ardèche, Valence est au cœur d'un riche patrimoine architectural, historique et paysager. Irriguée par le Rhône, la commune bénéficie d'une faune et d'une flore diversifiées et protégées. Avec 340 hectares d'espaces verts, dont plus de 50 parcs et jardins municipaux, la cité offre un paysage vert qui rassemble notamment quelque 700 arbres aux essences rares – à découvrir dans le parc Jouvet.

LA FORÊT DES BÉBÉS

Récompensée par le Prix national de l'Arbre en 2022 pour le développement, la gestion et le renouvellement de son patrimoine arboré, Valence a mis en place une initiative intitulée « la forêt des bébés » : à chaque nouvelle naissance sur la commune, un arbre est planté. Ainsi, dans le cadre de son plan Arbre, la ville prévoit de planter 10 000 arbres d'ici à 2026, pour notamment réduire les îlots de chaleur et améliorer la qualité de l'air. Une bien belle façon d'améliorer le cadre de vie des habitants !

CANAUX DE VALENCE

Valence – dont le nom signifie « lieu habité riche en eau » – est traversée par un réseau de plus de 40 km de canaux, dont 17 km à ciel ouvert. Une véritable trame verte et bleue de grande richesse botanique qui irrigue la vie de la commune. Un parcours le long de ces voies d'eau, permet d'en découvrir toute la biodiversité et d'en apprécier la beauté : truites farios, libellules, agrions, crapauds accoucheurs, tritons palmés, algues diatomées, céleri d'eau…

ANIMATIONS PÉDAGOGIQUES

De nombreuses animations sont mises en œuvre par la ville pour impliquer les habitants dans le projet vert valentinois : Fête des canaux, visites nature, jardins familiaux et pédagogiques, ou encore le concours annuel « Fleurir Valence » grâce auquel les habitants contribuent largement au fleurissement de la cité. Un Permis de jardiner est également en vigueur en ville, permettant aux habitants de participer à la végétalisation en fleurissant leurs balcons, façades, pieds de murs et autres bacs à fleurs.

Pratique

- **Prix de la cohérence de l'aménagement urbain et de l'environnement (2016).**
- **Prix de la valorisation des espaces naturels (2019).**
- **Prix national de l'Arbre (2022).**
- **Les marchés** : lun. matin place Danton ; mar. après-midi place Saint-Jean ; mer. matin place de la Paix ; jeu. matin place des Clercs ; ven. matin place Faventines ; et sam. matin place de l'Europe.
- **Hôtel de ville** : Place de la Liberté ✆ 04 75 79 20 00 - www.valence.fr

VÉNISSIEUX

65 894 HABITANTS

Vénissieux, ville au passé industriel de la métropole lyonnaise, s'est engagée dans un ambitieux programme de renouvellement urbain axé sur le bien-être de ses habitants et la valorisation du végétal. La commune crée ainsi des espaces favorisant le lien social autour des jardins partagés, familiaux, pédagogiques et sensoriels. Le Parc Louis-Dupic et le Parc de Parilly offrent des espaces de nature pour se ressourcer.

Pratique

- **Les marchés** : les mer. et dim. matins place Léon Sublet ; ven. matins, avenue Jacques Duclos ; jeu. et sam. matins, rue Edouard Herriot ; mar. et jeu. après-midi place Ennemond Romand.
- **Mairie** : 5, avenue Marcel Houël. ✆ 04 72 21 44 33 - www.ville-venissieux

VICHY

24 166
HABITANTS

Vichy, surnommée la « reine des villes d'eaux », est réputée depuis l'époque gallo-romaine pour ses sources thermales aux nombreuses vertus. Entre centre thermal et centre-ville, près de 140 ha d'espaces naturels invitent les visiteurs à la détente et à la contemplation – notamment sur les bords aménagés de l'Allier, propices aux balades ensoleillées. Vichy est également inscrite, depuis 2021, au patrimoine mondial de l'UNESCO aux côtés de 10 autres villes d'eau.

LE QUARTIER THERMAL

En provenance des volcans d'Auvergne, l'eau thermale de Vichy est utilisée dans plusieurs thermes, qui proposent tous des cures différentes. L'eau Vichy Célestins est également en libre accès directement à la source. On y trouve notamment le parc des Sources, créé en 1812 par Napoléon Ier, ainsi que le parc Napoléon III avec ses 818 arbres d'essences locales et exotiques.

LES PARCS D'ALLIER

Les deux parcs d'Allier sont de véritables écrins de verdure au cœur de la cité thermale. Une touche d'originalité dans le paysage urbain de Vichy, ces jardins d'inspiration anglaise se trouvent des deux côtés du pont de Bellerive.

Pratique

- **Prix de la valorisation touristique du label (2020).**
- **Les marchés** : les dimanches place Charles de Gaulle ; les mardis et jeudis place de l'Hôtel de ville.
- **Hôtel de ville** : Place de l'Hôtel de Ville.
✆ 04 70 30 17 17
www.ville-vichy.fr

© AUVERGNE-RHÔNE-ALPES © ERIC BASCOL

Parc Napoléon III à Vichy.

VONNAS

3 259 HABITANTS

Au cœur de la Bresse savoyarde, le petit village de Vonnas est irrigué par deux rivières, la Veyle et le Renon. Les compositions florales y sont nombreuses et s'admirent au fil des saisons et des changements de couleurs, notamment grâce à la plantation de bulbes pérennes. Vonnas est également un village gourmand, avec le restaurant Georges Blanc et ses 3 étoiles détenues depuis presque 100 ans.

© ANTONIO - STOCK.ADOBE.COM

Vonnas.

Pratique

- **Prix de la mise en valeur de l'espace communal rural (2008).**
- **Le marché hebdomadaire** a lieu tous les jeu. matins, place Ferdinand de Béost.
- **Hôtel de ville** : Rue du Docteur Perret.
✆ 04 74 50 02 48
www.vonnas.com

YVOIRE

1 084 HABITANTS

Labellisée depuis l'année de création du label, Yvoire est un ancien village médiéval fortifié, situé sur les rives du lac Léman. Dans ses jolies ruelles, on admire les maisons de pierres aux balcons de bois toutes fleuries de plantes vivaces et autres roses anciennes. De l'ancien château ne subsiste que le Jardin des Cinq sens, classé Jardin remarquable, avec un cloître végétal de plantes médicinales et aromatiques.

© JULIEN LEIV - STOCK.ADOBE.COM

Balade dans les ruelles d'Yvoire.

Pratique

- **Prix national de la mise en valeur du patrimoine (2024).**
- **Le marché hebdomadaire** a lieu tous dim. matins.
- **Mairie** : 3, place de la Mairie.
✆ 04 50 72 80 36
www.yvoire.fr

VERSION NUMÉRIQUE OFFERTE

Obtenez votre guide numérique en scannant ce QR code

ou rendez-vous sur le site **www.ebookfute.com** avec le code avantage

2PN4VZ

© ART ALEX - STOCK.ADOBE.COM

OFFRE VALABLE JUSQU'À L'ARRÊT DE COMMERCIALISATION DU TITRE EN FRANCE MÉTROPOLITAINE ET DANS LE MONDE ET SOUS RÉSERVE QUE LE NOMBRE DE TÉLÉCHARGEMENTS SOIT INFÉRIEUR OU ÉGAL AU NOMBRE D'EXEMPLAIRES DE GUIDES PAPIER IMPRIMÉS. FORMATS DISPONIBLES POUR SMARTPHONES, TABLETTES, LISEUSES ET ORDINATEURS PC OU MAC.

Tour Goguin sur le quai de la Loire à Nevers.

© DENNISVDW - ISTOCKPHOTO.COM

BOURGOGNE-FRANCHE-COMTÉ

Au centre-est du pays, la Bourgogne-Franche-Comté regroupe près de 3 millions d'habitants pour 8 départements : la Côte-d'Or, le Doubs, le Jura, la Nièvre, la Haute-Saône, la Saône-et-Loire, l'Yonne, et le Territoire de Belfort. La région invite à se perdre dans les ruelles de ses villages pittoresques et autres grandes villes d'importance historique pour un véritable voyage dans le temps.

Elle regorge également de paysages à couper le souffle, entre sites archéologiques et sites naturels, dont certains sont inscrits au patrimoine mondial de l'UNESCO : vignes, rivières, forêts du Morvan, massifs montagneux, châteaux et forteresses…

BEAUNE

20 032
HABITANTS

Ville d'art et de culture connue dans le monde entier pour ses Hospices, Beaune offre un fleurissement élégant et raffiné. Les fleurs, partout présentes, mettent en valeur l'architecture et la couleur des pierres des monuments et maisons datant du XVe siècle. Les remparts de la ville, qui s'étendent sur 2 km, offrent également une belle balade à l'ombre des platanes qui les bordent.

© LOTHARINGIA - STOCK.ADOBE.COM

Place Carnot, Beaune.

LA BIO-CITÉ

Pour les passionnés et amateurs de vins de Bourgogne, la nouvelle Cité des Climats et vins de Bourgogne s'étend sur près de 8 ha, dont une micro-forêt paysagère. Véritable musée-jardin des climats et de la viticulture locale, c'est un parc naturel culturel imaginé pour sensibiliser ses visiteurs. Un parcours multisensoriel permet de découvrir ce vignoble historique, en terminant en beauté par une dégustation.

Pratique

- **Fleur d'Or (2015).**
- **Le marché hebdomadaire** a lieu tous les mer. matins, place de la Halle.
- **Hôtel de ville** : 8, rue de l'Hôtel de Ville. ✆ 03 80 24 57 17 www.beaune.fr

CHÂTENOY-LE-ROYAL

6 290
HABITANTS

Châtenoy-le-Royal se distingue par son cadre de vie harmonieux entre ville et campagne. Chaque quartier bénéficie de son propre « espace de nature », véritable catalyseur de lien social où les habitants peuvent se retrouver et échanger. La commune anime régulièrement des événements pour sensibiliser à l'environnement : initiations au jardinage naturel, balades botaniques, ateliers pédagogiques sur la faune et la flore…

UN POUMON VERT DANS LA VILLE

L'étang de Chaumont joue un rôle clé dans la préservation de la biodiversité. Cet espace naturel, soigneusement entretenu, abrite une grande variété d'espèces d'oiseaux, qu'ils soient nicheurs, migratoires ou autochtones. Ce conservatoire de biodiversité est une invitation à la découverte pour les amoureux de la nature.

Pratique

- **Le marché hebdomadaire** a lieu tous les mer. matins, place du Marché.
- **Mairie** : 10, rue du Bourg. ✆ 03 85 98 15 74 www.chatenoyleroyal.fr

BELFORT

46 443 HABITANTS

Belfort, qui donne son nom au département, est une ville attractive au patrimoine naturel remarquable mis en valeur par un fleurissement saisonnier. Entre les massifs montagneux du Jura et des Vosges, on y trouve notamment les forêts du Mont, du Salbert et de la Miotte. Au sud-est du territoire, les pelouses sèches calcaires sont classées en ZNIEFF, sur lesquelles poussent des variétés botaniques endémiques protégées telles que le rosier pommier et autres orchidées.

PROMENADES AU BORD DE L'EAU

Le parc François Mitterrand s'étend le long de la Savoureuse. Dans son prolongement s'étirent de grandes prairies propices aux promenades et un verger de sauvegarde, à la quarantaine d'arbres fruitiers.

Quant au parc de l'étang des Forges, c'est un espace prisé par les coureurs et les pêcheurs des environs, qui ravira également les passants avec ses tables de lecture décrivant le paysage, la faune et la flore locales.

LA ROSERAIE DU SQUARE CARLOS-BOHN

Autour du kiosque à musique, elle offre plus de 150 variétés de rosiers à découvrir dans de magnifiques parterres bordés de buis.

Pratique

- **Prix national de l'Arbre (2019).**
- **Prix du fleurissement des jardins familiaux collectifs (2018).**
- **Le marché hebdomadaire** a lieu tous les mer. matins.
- **Hôtel de ville** : Place d'Armes. ✆ 03 84 54 24 24 www.belfort.fr

© NICOLAS - STOCK.ADOBE.COM

Étang des Forges à Belfort.

CHALON-SUR-SAÔNE

45 031 HABITANTS

Au sud de la Bourgogne, Chalon-sur-Saône est une ville au riche patrimoine architectural. Elle est coupée en deux par le passage de la Saône qui isole l'île Saint-Laurent. La vieille ville, entourée de fortifications, offre de magnifiques maisons à colombages, des ruelles pittoresques ainsi que des tours et tourelles bien préservées. La Côte chalonnaise est également une terre viticole riche en appellations de grands crus.

DES ÎLOTS DE VERDURE

La Prairie Saint-Nicolas dévoile une jolie roseraie et un arboretum aux 400 arbres de 230 espèces différentes. Pour admirer des arbres remarquables, une balade au square Chabas s'impose. Le jardin Géobotanique abrite 3 800 espèces de vivaces et arbustes, tandis que le parc Nouelle et sa volière sont autant d'invitations à la contemplation de la nature. Enfin, le parc de la Biodiversité met en valeur les choix écologiques de la ville pour un développement durable.

Pratique

- **Prix national de la mise en valeur du patrimoine (2021).**
- **Prix de l'action éducative et citoyenne (2024).**
- **Les marchés** : les mer. place de l'Hôtel de Ville ; jeu. quartier du Stade ; ven. et dim. place Saint-Vincent et rue aux Fèvres ; et dim.
- **Mairie** ✆ 03 85 90 50 50 www.chalon.fr

© M.STUDIO - STOCK.ADOBE.COM

Vue sur le centre-ville bordé par la Saône.

ÉHUNS

254 HABITANTS

Aux portes du Parc naturel régional du Ballon des Vosges, Ehuns est un véritable village-jardin qui implique ses habitants dans son fleurissement : jardinières sur pieds pour les personnes à mobilité réduite, semis et repiquage aux abords des EHPAD, verger dont les fruits sont offerts aux personnes âgées... Des nichoirs et autres hôtels à insectes sont installés dans les massifs, tandis que des jachères fleuries permettent de protéger la faune locale.

Pratique

- **Mairie** : 13, rue de la Fontaine. ✆ 03 84 94 57 43 - www.ehuns.fr

LUZE

825 HABITANTS

En Haute-Saône, Luze est un petit village de 825 habitants entouré de collines verdoyantes. La commune est traversée par la Lizaine dont les rives ont été aménagées pour permettre balades et découverte. Elle met également en avant plusieurs actions en faveur de l'environnement : premières tontes tardives, désherbage manuel, tonte différenciée selon les espaces, choix de plantes peu gourmandes en eau, accent sur les vivaces et arbustes…

Pratique

- **Mairie** : 3, rue du Passeur. ✆ 03 84 46 13 85 - www.luze70.com

MANDEURE

4 880 HABITANTS

Dans le Pays de Montbéliard, Mandeure est une ancienne cité gallo-romaine connue sous le nom d'*Epomanduodurum*. En témoigne notamment son théâtre antique du Ier siècle, le plus grand d'Europe, niché à flanc de colline, et au pied duquel on découvre plantes aromatiques, médicinales, nourricières et utilitaires. Sur les hauteurs du village, le belvédère se dévoile sur l'un des 3 circuits de randonnée, avec notamment une jolie balade aménagée le long du Doubs et un arboretum à découvrir.

© CHRISTOPHE RUBIN - STOCK.ADOBE.COM

Théâtre antique de Mandeure.

Pratique

- **Prix de l'action éducative et pédagogique (2021).**
- **Mairie** : 34, rue de la Libération. ✆ 03 81 36 28 80 - www.villemandeure.com

MÂCON

34 414 HABITANTS

Mâcon, nichée au bord de la Saône, est une ville où patrimoine et nature cohabitent en harmonie. Connue pour ses nombreux îlots de fraîcheur, elle invite à la détente et à la découverte à travers de nombreux espaces verts qui ponctuent ses différents quartiers. Ces lieux, soigneusement aménagés, apportent un souffle d'air frais.

© TICHR - SHUTTERSTOCK.COM

Quai Jean Jaurès à Mâcon.

UN ÉQUILIBRE ENTRE DYNAMISME ET TRANQUILLITÉ

Le Parc Nord, avec ses vastes pelouses et ses arbres centenaires, est un véritable havre de paix où l'on peut flâner, pique-niquer ou tout simplement se détendre.

Plus au sud, le Vallon des Rigolettes abrite des arbres singuliers qui valent la peine d'être observés : le « désespoir des singes », un Araucaria du Chili, un cyprès d'Alaska et un sapin d'Espagne (Abies pinsapo) planté en 1920.

Quant au Parc Maria Chambefort, il a été aménagé pour répondre aux variations du climat avec une palette végétale résistante et qualitative.

Enfin, le Quai des Marans, invite à la déambulation en profitant d'une vue apaisante sur la Saône.

UN RICHE PATRIMOINE VITICOLE ET HISTORIQUE

La Cité des Climats et Vins de Bourgogne est un passage incontournable pour les amateurs de vin. Elle offre un voyage immersif au cœur des terroirs bourguignons.

Pratique

- **Fleur d'Or (2010 et 2016).**
- **Le marché hebdomadaire** a lieu tous les sam. matins, esplanade Lamartine.
- **Hôtel de ville** : Quai Lamartine.
✆ 0 03 85 38 54 08 - www.macon.fr

MONTBÉLIARD

26 606 HABITANTS

© ERIC - STOCK.ADOBE.COM

Parc du Près-la-Rose à Montbéliard.

Ville d'Art et d'Histoire, Montbéliard est surnommée la Cité des Princes. Ses ruelles colorées et son architecture sont particulièrement bien mises en valeur par un fleurissement de qualité. Tandis que les différents parcs et jardins de la ville abritent un patrimoine arboré très riche. On y vient également pour son marché de Noël, classé parmi les plus beaux de France !

LE PARC DU PRÈS-LA-ROSE

Parc d'agrément consacré à la culture scientifique et technique (fontaine Galilée, vaisseau d'archipel...), il forme une presqu'île de 10 ha en centre-ville. Entre rivière et canal, on y découvre plus de 100 variétés végétales, une peupleraie, ou encore un labyrinthe végétal.

PARC DE L'ÎLE EN MOUVEMENT

Situé dans le prolongement du parc du Près-la-Rose, c'est un parc paysager d'aspect naturel destiné à la promenade et à la biodiversité. Il se trouve en bordure du port de plaisance et de l'Eurovéloroute Nantes-Budapest.

Pratique

- **Les marchés** : la Petit-Hollande, les mar. matins ; mer. matins en centre-ville ; et Roselière, les sam. matins.
- **Hôtel de ville** : Place Saint Martin. ✆ 03 81 99 23 95 www.montbeliard.com

MOFFANS-ET-VACHERESSE

627 HABITANTS

Dans le Pays de Lure, Moffans-et-Vacheresse est un petit village paisible qui fut probablement créé à l'époque des Grands Défrichements du XVIIe siècle. On y observe un fleurissement de qualité, où essences rustiques et vivaces se côtoient dans les massifs. La commune offre également de belles promenades, telles que le sentier de la Sylve. Le village, qui figure parmi les premiers labellisés, a reçu le prix des 65 ans, pour sa capacité d'adaptation au fil des années.

Pratique

- **Prix des 65 ans du label (2024).**
- **Mairie** : 6, rue de la Corne. ✆ 03 84 63 09 17 www.moffans-vacheresse.fr

NEVERS

34 069 HABITANTS

Ville d'Art et d'Histoire, Nevers offre un cadre de vie préservé. La commune a su créer des îlots de verdure, bienvenus en ville, qui permettent de favoriser toutes les formes de biodiversité : le Parc Roger-Salengro, le Parc Rosa-Bonheur, la promenade des remparts… Le tout associé à de nombreuses actions en faveur de l'environnement : voies piétonnes et cyclables plantées, déchets verts valorisés, éco-pâturage…

LES CHARTES

La ville a mis en place deux chartes qui impliquent les habitants dans la végétalisation du territoire. La Charte du fleurissement participatif invite ainsi à contribuer à l'embellissement paysager de la ville, avec distribution de sachets de graines, fleurissement des trottoirs, plantes grimpantes en façade, pieds d'arbres fleuris…

La Charte du jardinier est appliquée à la gestion des 40 parcelles de jardins familiaux : les habitants s'engagent ainsi à utiliser des modes de culture écoresponsable en bannissant les produits polluants, en valorisant les déchets verts et en utilisant l'eau de pluie pour arroser leurs potagers.

Pratique

- **Prix national de la stratégie d'aménagement paysager (2022).**
- **Les marchés** : les jeu. matins, rue Maréchal-Lyautey ; ven. matins, place de la Résistance ; et sam. matins, parc Roger-Salengro.
- **Mairie** : Place de l'Hôtel de Ville. ✆ 03 86 68 46 46 - www.nevers.fr

© PERNELLE VOYAGE - STOCK.ADOBE.COM

Centre de Nevers.

PARAY-LE-MONIAL

9 679
HABITANTS

Au cœur du Charolais-Brionnais, Paray-le-Monial est notamment connue pour sa basilique, chef-d'œuvre de l'art roman du XIIe siècle. Une coulée verte qui longe la Bourbince permet de traverser la ville pour en découvrir ses nombreux parcs et jardins, tout en empruntant de jolis ponts fleuris. Ses aménagements sont créatifs et mettent en valeur le patrimoine architectural local avec des essences variées et subtiles.

© D.R.

La basilique de Paray-le-Monial.

BALADE EN CŒUR DE VILLE

Entre le canal du Centre et la Bourbince, le parc du Moulin Liron abrite de nombreux arbres et conifères qui jalonnent une agréable promenade.

DES COLLECTIONS ODORANTES

À deux pas de la Basilique, le jardin Saint-Hugues accueille plus de 75 variétés de rosiers parfumés : arbustifs, grimpants, aux multiples floraisons, à fleurs simples ou doubles, hybrides de thé, anglais, anciens ou bien encore contemporains. Deux autres magnifiques collections sont également à découvrir au petit jardinet de la poste : des sauges odorantes aux nombreuses variétés ; et de délicats viburnums dont il suffit de froisser les feullles pour en découvrir les senteurs capiteuses.

Pratique

- **Le marché hebdomadaire** a lieu tous les ven. matins, boulevard du Collège.
- **Hôtel de ville** : Place de l'Hôtel de Ville.
✆ 03 85 81 95 00
www.paraylemonial.fr

NOIDANS-LÈS-VESOUL

1 973 HABITANTS

Noidans-lès-Vesoul, charmante commune aux portes de Vesoul, est l'endroit idéal pour se ressourcer. Chaque année, les aménagements paysagers se renouvellent autour d'un thème saisonnier, apportant à la commune un visage changeant et vivant au fil des mois. Soucieuse de l'environnement, la ville privilégie des végétaux résilients, capables de résister aux étés de plus en plus chauds. Une micro-forêt a été créée au jardin du Breuil, où différentes espèces d'oiseaux trouvent refuge.

LE JARDIN DU BREUIL

Il abrite deux jardins éphémères dont le thème change tous les deux ans, pour en faire un lieu toujours surprenant. Autour de ces espaces temporaires gravitent trois jardins permanents, chacun célébrant une facette de l'identité de Noidans-lès-Vesoul : un jardin ancien, reflet du passé rural, un jardin moderne, symbole de l'évolution industrielle, et un arpent de vigne en hommage au patrimoine viticole.

Il abrite également une roseraie. Avec ses dizaines de variétés de roses (grimpants, pleureurs, buissons, etc.), elle constitue un véritable festival de couleurs et de parfums, invitant à la promenade sensorielle. Une signalétique pédagogique permet aux visiteurs de mieux connaître la faune et la flore locales : oiseaux, grenouilles, insectes, papillons, et les nombreuses essences d'arbres, qu'ils soient feuillus ou résineux.

Pratique

- **Prix de l'action éducative et pédagogique (2023).**
- **Mairie :** 1, rue des Droits de l'Homme.
✆ 03 84 96 99 70
www.noidans-les-vesoul.fr

QUETIGNY

9 480 HABITANTS

En banlieue de Dijon, Quetigny est un petit village qui a su garder son âme. Un cœur de ville a été imaginé comme un véritable paysage vivant, afin de sensibiliser ses habitants au fleurissement : création d'une forêt urbaine, coulée verte, nombreux parcs... Quant à la palette de couleurs utilisée pour les compositions végétales, elle est pensée comme un lien entre paysage et architecture.

Pratique

- **Prix national de la diversité végétale (2022).**
- **Le marché hebdomadaire** a lieu tous les sam. matins, place Roger-Rémond.
- **Mairie** : Place Théodore Monod.
✆ 03 80 48 28 30 - www.quetigny.fr

ROUGEGOUTTE

1 001
HABITANTS

Au cœur d'une forêt de 160 ha, Rougegoutte doit son nom au ruisseau au fond de grès rose qui coule à proximité et rougit lorsqu'il pleut. Les habitants du village participent activement au fleurissement annuel de la ville en installant plus de 47 000 plants dans les rues. Tandis qu'un magnifique tilleul au tronc en colonnes et quatre fois centenaire fleurit sur la place du village.

Pratique

- **Prix des 65 ans du label Villes et Villages Fleuris (2024).**
- **Mairie** : 16, rue des Écoles.
✆ 03 84 27 12 67
www.rougegoutte.fr

SENS

26 586
HABITANTS

Aux portes de la Bourgogne, Sens abrite un patrimoine historique, architectural et naturel d'une grande richesse. Le fleurissement de la commune est particulièrement réussi sur les quais et dans les grands parcs. Un verger conservatoire a également été mis en place pour préserver les variétés de plantes et susciter leur développement.

© JFBRUNEAU - STOCK.ADOBE.COM

Jardin de l'Orangerie à Sens.

JARDIN DE L'ORANGERIE

Dans cette dépendance du Palais des Archevêques, plus de 3 600 plantes à massifs se développent en plusieurs parties : la partie ouest et ses carrés, fleuris selon une thématique annuelle ; la partie est et ses plantes horticoles ...

LE PARC DU MOULIN À TAN

Au cœur du parc du Moulin à Tan, un vaste îlot de verdure avec arboretum, enclos animaliers, roseraie sauvage, oiseaux aquatiques, zone d'observation faunistique, se dévoile une magnifique serre tropicale dépaysante avec : vanilliers, poivriers, ananas, bananiers, orangers, orchidées, cactées, plantes carnivores ... À ne pas manquer : la plante aquatique géante Victoria Cruziana, le fleuron de toute la collection.

Pratique

- **Prix de l'action éducative et pédagogique (2021).**
- **Les marchés** : les mer. et dim. matins, avenue du 8 mai 1945.
- **Hôtel de ville** :
100, rue de la République.
✆ 03 86 95 67 00 - www.ville-sens.fr

Pontrieux.

© SYLVAIN TANGUY - STOCK.ADOBE.COM

BRETAGNE

À la pointe ouest, la Bretagne est une péninsule de plus de 3 millions d'habitants répartis sur 4 départements et leurs îles : les Côtes-d'Armor, le Finistère, l'Ille-et-Vilaine et le Morbihan. Son territoire s'avance sur l'océan Atlantique et le paysage se dévoile entre stations balnéaires réputées, petits ports de Cornouaille, côte de granit rose et vestiges préhistoriques préservés.
La région offre de multiples facettes à ses visiteurs selon l'endroit où l'on pose ses bagages. Un détour par la forêt de Brocéliande, lieu de légende enchanteur et insolite, sera l'occasion de découvrir ses vestiges et autres curiosités très bien préservées.

BÉDÉE

4 490
HABITANTS

Au cœur du pays de Brocéliande, Bédée accorde un soin particulier à la végétalisation de ses espaces publics. Plusieurs sentiers pédestres permettent de découvrir ce village paisible et dynamique, dont le sentier pédagogique relie même l'étang du Blavon au centre-ville. Le Jardin de la Motte Joubin offre une belle palette de légumes, fruits et plantes qui constituaient l'essentiel des jardins médiévaux d'autrefois.

Pratique

- **Le marché hebdomadaire** a lieu tous les sam. matins, place du Lieutenant Louessard.
- **Mairie** : 2, rue de Rennes.
✆ 02 99 06 18 20
www.ville-bedee.bzh

CESSON-SÉVIGNÉ

17 312
HABITANTS

Le long de la Vilaine, Cesson-Sévigné offre un cadre de vie très agréable où les fleurs sont omniprésentes. Véritable poumon vert, cette ville-jardin bucolique offre une variété de paysages, entre espaces verts, jardins entretenus, prairies aux herbes folles, cours d'eau et manoirs historiques. La roseraie du parc de Bourgchevreuil compte près de 220 rosiers, qui parfument l'air propice à la promenade sur l'un des chemins piétons et sentiers communaux.

Pratique

- **Prix de la diversité végétale (2008).**
- **Les marchés** : les mer. après-midi, place de l'Église ; et les sam. matins, place du Marché.
- **Mairie** : 1, esplanade Hôtel de Ville.
✆ 02 99 83 52 00
www.ville-cesson-sevigne.fr

CHÂTEAUGIRON

10 219
HABITANTS

Ancienne baronnie bretonne aux portes de Rennes, Châteaugiron présente un patrimoine historique exceptionnel et très bien préservé : ruelles pavées, maisons à pans de bois, château… En réponse, le fleurissement de la ville s'inspire du style médiéval avec buis, carrés, rosiers et topiaires. On y découvre également 3 étangs ainsi qu'un espace naturel préservé au cœur de la cité : La Glaume, véritable refuge pour la biodiversité (oiseaux, insectes et plantes sauvages).

Pratique

- Châteaugiron est une commune nouvelle, depuis son regroupement avec Ossé et Saint-Aubin du Pavail en 2017.
- **Mairie** : Le Château, Boulevard Julien et Pierre Gourdel.
✆ 02 99 37 41 69
www.ville-chateaugiron.fr

BREST

139 456
HABITANTS

À la pointe la plus à l'ouest du pays, Brest rayonne tel un phare face à la mer. Capitale des océans, la métropole brestoise se targue d'ailleurs d'avoir la plus belle rade du monde, avec ses 10 belles plages à découvrir en empruntant l'un des nombreux sentiers de randonnée ou à bord d'une cabine du premier téléphérique urbain de France.

PATRIMOINE NATUREL REMARQUABLE

Brest offre plus de 25 000 arbres dont certains remarquables. Implantés dans les parcs et jardins de la métropole, une carte en ligne est également disponible pour en découvrir les particularités. Le Conservatoire National Botanique est également l'occasion de découvrir les espèces menacées du territoire, ainsi qu'une banque à graines.

LES RIVES DE LA PENFELD

Véritable coulée verte, les rives de Penfeld sont l'endroit idéal pour une balade non loin de la base navale. De nombreux sentiers de randonnée et autres aménagements sportifs sont à découvrir, ainsi qu'un plan d'eau autrefois apprécié par François René de Châteaubriand.

Pratique

- **Les marchés** : du lun. au sam. matins, esplanade autour des Halles.
- **Hôtel de ville** : 2, rue Frezier. ✆ 02 98 00 80 80 www.brest.fr

© LISASTRACHAN - ISTOCKPHOTO.COM

Cours Dajo à Brest.

CAUDAN

7 298 HABITANTS

Non loin des rives du Blavet et du Scorff, Caudan est une cité au passé historique important : en partie détruite lors de la Seconde Guerre mondiale, elle fut notamment le théâtre de la reddition des troupes allemandes le 10 mai 1945. Située dans l'agglomération de Lorient, c'est une commune verdoyante où il fait bon vivre.

UN FLEURISSEMENT QUALITATIF

Le centre-ville et les quartiers sont joliment fleuris, grâce à des compositions faisant intervenir des plantes horticoles, vivaces et graminées. Toutes les strates végétales y sont utilisées et s'accordent avec le paysage. Un parcours botanique est également à découvrir au sein du parc du château du Diable, peuplé d'essences rares et variées.

LENN SEC'H

Nouvel éco-quartier de Caudan, il est organisé autour d'une trame verte et de différentes unités paysagères. Les mobilités douces y sont mises en avant et de nombreux chemins pédestres et cyclables le desservent.

Pratique

- **Le marché hebdomadaire** a lieu tous les ven. matins, devant la mairie.
- **Mairie** : Place Louis Le Léannec.
✆ 02 97 80 59 20 - www.caudan.fr

CHARTRES-DE-BRETAGNE

8 291 HABITANTS

Au cœur du Massif armoricain, Chartres-de-Bretagne est une petite ville rurale de la métropole de Rennes. Elle est notamment célèbre pour ses anciens fabricants de chaux : les chaufourniers. Depuis plus de 40 ans, la commune implique également ses habitants dans son fleurissement, dont les réalisations sont ensuite intégrées dans les massifs communaux.

LA LORMANDIÈRE

Ancien site industriel, la Lormandière a depuis été réhabilitée et classée Zone naturelle d'intérêt écologique, floristique et faunistique (ZNIEFF). L'endroit abrite des orchidées remarquables, telles que l'ophrys abeille, l'orchis pyramidal et l'orchis bouc, tandis que la carrière a été transformée en plan d'eau.

UN FLEURISSEMENT PARTICIPATIF

Tous les ans, une œuvre en mosaïculture est installée sur le rond-point central selon la thématique choisie en accord avec les associations municipales. De même, l'espace végétal face à la mairie est réservé aux habitants qui peuvent le végétaliser et s'approprier ce massif citoyen.

Pratique

- **Prix national de la diversité végétale (2017).**
- **Le marché hebdomadaire** a lieu tous les jeu. matins, place de la Liberté.
- **Mairie** : Esplanade des Droits de l'Homme.
✆ 02 99 77 13 00
www.chartresdebretagne.fr

COGLÈS

633
HABITANTS

Située sur un massif granitique au nord du Coglais, Coglès fait preuve d'une passion pour le végétal : plantation de bosquets et haies pour reconnecter le bourg au réseau bocager ; pieds de murs végétalisés pour mettre en valeur les façades ; création d'un fruitier et d'un verger à pommes (à cidre et à couteau) où variétés locales et anciennes sont cultivées ; belvédère fleuri où observer un panorama sur le Mont-Saint-Michel...

Pratique

- Coglès fait partie, avec Montours et La Selle-en-Coglès, de la commune nouvelle des Portes du Coglais.
- **Mairie** : 115, rue Saint-Jean.
✆ 02 99 98 60 68
www.lesportesducoglais.fr

DINARD

10 674
HABITANTS

Face à la baie de Saint-Malo et au cœur de l'embouchure de la Rance, Dinard était autrefois un port de pêche devenu station balnéaire. Ville d'Art et d'Histoire au patrimoine exceptionnel, avec ses villas classées, la commune a pour devise : « Plantons des arbres » – que l'on retrouve avec les deux essences principales : le palmier et le mimosa.

LA PROMENADE DU CLAIR DE LUNE

Composée de massifs de fleurs, la promenade part de la plage du Prieuré et s'étend jusqu'au Bec de la Vallée. On y découvre une palmeraie, combinée à une végétation exotique avec grenadier, olivier, bignone, érethia, une collection de pins, des mimosas, magnolias et autres agaves.

LE PARC DU PORT BRETON

Face à la plage du Prieuré, ce parc comprend le château, le tennis et le centre équestre. Les visiteurs y trouveront également deux aires de jeux, un parc animalier, un arboretum, une roseraie et un parcours sportif.

Pratique

- **Le marchés** : tous les matins, dans les halles ; et les mar. jeu. et sam. matins autour des halles.
- **Mairie** : 47, boulevard Féart.
✆ 02 99 16 00 00
www.ville-dinard.fr

DOMLOUP

3 680
HABITANTS

Au cœur du pays de Rennes, Domloup est traversée par la vallée du Rimon. Véritable coulée verte au cœur du village, elle offre un véritable atout paysager en réponse au bocage communal et ses zones humides. Des pistes cyclables permettent de découvrir le territoire à vélo, que viennent compléter de jolies liaisons piétonnes entourées de plantes mellifères.

Pratique

- **Le marché hebdomadaire** a lieu tous les ven. place de la Mairie.
- **Mairie** : 1, allée de l'Étang.
✆ 02 99 37 42 09
www.domloup.fr

FOUESNANT-LES GLÉNAN

10 597 HABITANTS

Au cœur de la riviera bretonne, entre mer et bocage, Fouesnant-les Glénan offre un patrimoine naturel exceptionnel : littoral, les pointes Mousterlin, les dunes Beg-Meil, Cap-Coz, et l'archipel des Glénan, les Caraïbes bretonnes. La commune dispose également de plus de 300 ha d'espaces naturels protégés, ainsi que de nombreux sentiers balisés et bordés de talus plantés de chênes et de châtaigniers.

© SAINTHO - STOCK.ADOBE.COM

Beg Meil, Fouesnant.

LE BOIS DE PENFOULIC

Un havre de paix fait de sous-bois et de grands arbres avec un bras de mer, telle une mangrove qui se love le long de la prairie où broutent de petits poneys Shetland.

LA MER BLANCHE

La mer Blanche est une lagune qui s'étend entre la pointe de Mousterlin et Bénodet. Un paysage magique qui se dévoile à marée basse, lorsqu'elle laisse apparaître un fond sableux blanc, et à marée haute pour découvrir une petite mer intérieure.

Pratique

- **Prix national de la créativité paysagère et florale (2019).**
- **Les marchés** : les ven. matins, place du Général de Gaulle ; et les sam. matins, place de l'Église.
- **Mairie** : Place du Général de Gaulle. ✆ 02 98 51 62 62 www.ville-fouesnant.fr

FOUGÈRES

20 194 HABITANTS

Avec un nom qui rappelle une plante, Fougères est fortement liée à la nature. Elle est notamment traversée par 3 vallées : du Nançon, du Groslay, et celle du Couesnon. On y découvre également des parcs très travaillés, des zones naturelles, des jardins familiaux et autres squares : le jardin public et son fougerarium ; le jardin du Nançon aménagé le long du cours d'eau ; la carrière du Rocher Coupé et son circuit de randonnée…

© ROLF - STOCK.ADOBE.COM

Fougères.

Pratique

- **Prix de la mise en valeur du patrimoine (2010 et 2019).**
- **Les marchés** : le mer. soir esplanade des Chaussonnières ; le jeu.matin au quartier des Cotterêts ; et le sam. matin sur la place du Beffroi.
- **Hôtel de ville** : 2, rue Porte St Léonard. ✆ 02 99 94 88 00 - www.fougeres.fr

JOSSELIN

2 482 HABITANTS

Traversé par l'Oust, Josselin offre un riche patrimoine historique parfaitement mis en valeur par les différents aménagements paysagers du village : jardin médiéval, jardin des agapanthes, Bois d'Amour, roseraie… Tous les ans, en avril, l'opération « rempotage de jardinière » permet également aux habitants de fleurir leurs fenêtres et balcons en suivant les bons conseils de l'équipe municipale – de quoi participer ensuite au concours des maisons fleuries !

© ATEFROM - STOCK.ADOBE.COM

Josselin.

Pratique

- **Le marché hebdomadaire** a lieu le samedi matin, dans le centre historique.
- **Mairie :** Place Alain de Rohan. ✆ 02 97 22 24 17 www.josselin.com

LA GACILLY

2 245 HABITANTS

© STEVEN - STOCK.ADOBE.COM

La Gacilly.

Dans la vallée de l'Aff, La Gacilly est reconnue pour ses espèces naturelles remarquables – c'est d'ailleurs le berceau de l'entreprise de cosmétique végétale Yves Rocher. Le village enchante notamment les visiteurs par ses petites ruelles et venelles fleuries, ou encore son jardin botanique et ses 1 000 espèces de plantes médicinales. On y découvre également une bambouseraie, un arboretum, ou encore une collection unique d'armoises.

Pratique

- **Le marché hebdomadaire** a lieu tous les sam. matins, dans et autour des Halles.
- **Hôtel de ville** :
Rue de Hôtel de Ville.
✆ 02 99 08 10 18- www.la-gacilly.fr

LANESTER

22 095 HABITANTS

Lanester, dont le nom signifie « la lande de la rivière » en breton, dispose d'un cadre exceptionnel qui se dévoile entre terre et mer. Une véritable trame verte et bleue qui tisse un fil rouge dans toute la ville, accompagnée d'une thématique annuelle de fleurissement. Entre harmonie de couleurs et variétés de plantes, les massifs de la commune tendent vers une gestion naturelle et durable.

DES GRANDS ESPACES

Avec 112 ha d'espaces verts, dont 35 ha d'espaces naturels, et 23 parcs et jardins, Lanester a opté pour un fleurissement esthétique et raisonné : entrées de ville « terre-mer » avec des pins parasols, des chênes et des ajoncs, graminées et bruyères qui rappellent la lande bretonne…

DES RÉALISATIONS COMMUNALES

Les habitants sont très impliqués dans cette ville qui a fait de la démocratie participative une marque de fabrique. Pour preuves, le parc Nelson Mandela Dulcie September est issu de la concertation entre habitants et services de la ville ; ou encore le parcours intergénérationnel et les ruches sur les toits de Saint-Niau.

Pratique

- **Prix de la mise en valeur du patrimoine (2018).**
- **Les marchés** : du mar. au dim. en journée, avenue Ambroise Croizat.
- **Mairie** : 1, rue Louis Aragon.
✆ 02 97 76 81 81
www.lanester.com

LANNION

20 774
HABITANTS

Au cœur de la vallée du Léguer, entre la côte de Granit Rose et la côte des Bruyères, Lannion est une charmante ville bretonne. Maisons à pans de bois, ruelles pavées, et hôtels particuliers sont savamment mis en valeur par une belle palette florale. Les compositions se découvrent au fil des saisons, imaginées selon une thématique spécifique. Jardins familiaux et partagés complètent le tableau, offrant un cadre de vie de qualité à ses habitants.

© DELPIXART - ISTOCKPHOTO.COM

Lannion.

DES PLANTES LOCALES

Avec 115 ha d'espaces verts, Lannion n'est pas en reste. Ce n'est pas moins de 100 000 plantes que l'on retrouve en ville, cultivées dans les serres du Roudour.

PARCS ET JARDINS

Sur la rive gauche du Léguer, le parc Saint-Anne est un lieu convivial et de rencontres intergénérationnelles. On y observe notamment un tulipier de Virginie identifié comme arbre remarquable, ainsi que des canards, cygnes et bernaches. Dans le jardin du Tribunal, on découvre, en suivant la source qui serpente là, un chêne vert 5 fois centenaire, des tilleuls, des eucalyptus et des magnolias dans un espace semi-ombragé à la végétation abondante.

Pratique

- **Prix de la valorisation touristique du label (2018).**
- **Le marché hebdomadaire** a lieu tous les jeu. matins depuis le Quai d'Aiguillon.
- **Mairie** : Place du Général Leclerc.
✆ 02 96 46 64 22
www.ville-lannion.fr

LA VRAIE-CROIX

1 488 HABITANTS

À la fois terre d'histoire et village-jardin, une balade dans le village de La Vraie-Croix sera l'occasion de découvrir une profusion de fleurs et de plantes, dont certaines peu communes. Un parcours guidé permet de découvrir toute la palette de jardins : à thèmes (fuschias, dahlias, sauges), pédagogique avec plan d'eau, naturel (jardin de la Fontaine), médiéval (jardin de curé), intergénérationnel…

Pratique

- **Mairie** : 1, rue du Grand Chêne. ✆ 02 97 67 23 62 - www.lavraiecroix.bzh

LE GUERNO

992 HABITANTS

Connu pour abriter le parc animalier et botanique de Branféré, Le Guerno – du breton gwen (marais) – est un petit village des plus agréables. La commune est parsemée de zones humides (mares, marais, roselières...), avec un territoire mis en valeur par une palette végétale variée : plantes grimpantes, bulbes, fruitiers, massifs et plantations en pieds de murs… La Zone des Lots est un lieu de balade en pleine nature, accessible à tous grâce à des passerelles en bois.

© CECILE HAUPAS - SHUTTERSTOCK.COM

Le Guerno.

Pratique

- **Mairie** : 4, rue de la Mairie. ✆ 02 97 42 94 76 - www.leguerno.fr

LE RHEU

9 206 HABITANTS

Véritable cité-jardin au paysage de bocage, l'eau occupe une place importe au cœur du Rheu. Sillonnée par 3 cours d'eau (un fleuve, la Vilaine ; une rivière, la Flume ; et un ruisseau, le Lindon), on y découvre également des priaux : anciennes sablonnières et gravières abandonnées qui forment un ensemble de plans d'eau et zones vertes propices à la promenade.

Pratique

- **Le marché hebdomadaire** a lieu tous les sam. matins, place de la Mairie.
- **Hôtel de ville** :
Place de la Mairie.
✆ 02 99 60 97 28 - www.lerheu.fr

LORIENT

57 246 HABITANTS

Au fond de la rade du même nom, Lorient est notamment connue pour son festival Interceltique. Si la cité accueillait autrefois des végétaux rares destinés aux collections botaniques royales, la nature et la végétation s'invitent toujours à tous les coins de rue, avec une belle diversité végétale en total accord avec le climat du territoire.

LES COMPOSITIONS FLORALES

Imaginées selon une thématique, les compositions lorientaises sont esthétiques et offrent des décors variés au fil des saisons. Ils mettent en scène des végétaux, mais également des objets plus insolites comme des légumes, des objets de récupération, des outils...

LES PARCS ET JARDINS

Le Parc Jules Ferry, joli jardin boisé, est le théâtre du Festival Interceltique et de ses célébrations typiques, étalées sur 10 jours. Il offre également une belle perspective entre le port et le Moustoir. Sur 1 ha de promenade, le mail du Faouëdic est planté de grands arbres, avec notamment deux palmiers du Chili (Jubea) de 8 m de haut.

Pratique

- **Les marchés** : mar. après-midi, place de l'Hôtel de ville ; ven. matin, place de la Liberté ; et sam. matin, place Polig Monjarret.
- **Hôtel de ville** : 2, boulevard du Général Leclerc.
✆ 02 97 02 23 18
www.lorient.fr

LOUDÉAC

9 762 HABITANTS

Au cœur de la Bretagne, Loudéac offre un cadre de vie alliant ruralité et industrie. Pays des rivières, la ville est traversée par plusieurs cours d'eau, tels que l'Oust, le Lié et le Larhon : une trame verte qui répond avec harmonie aux bulbes présents dans les massifs qui tissent un fil rouge dans les rues de la commune. La forêt de Loudéac, autrefois partie intégrante de celle de Brocéliande, couvre 2 500 ha de son territoire.

PATRIMOINE NATUREL

Les compositions florales de Loudéac mettent en avant une grande variété d'espèces : plantes vivaces, graminées, arbustes et autres bulbes. Un inventaire du patrimoine arboré a été engagé sur la commune et une Charte de l'Arbre doit être signée en partenariat avec l'Office National des Forêts.

UN PARC PAYSAGER DE LOISIRS

Véritable écrin de nature et laboratoire pour la biodiversité locale, Aquarev a été aménagé sur l'ancien étang de pêche de Pont-Es-Bigot. On y trouve différents espaces de loisirs, de détente et de découverte, avec jardins aquatiques et bambouseraies. Le site comporte 30 ha d'espaces verts, fleuris par plus de 300 espèces et bulbes. Ruches pédagogiques, verger et labyrinthe fleuri complètent le tableau.

Pratique

- **Le marché hebdomadaire** a lieu tous les sam. matins, avenue des Combattants.
- **Mairie** : 20, rue Notre Dame.
✆ 02 96 66 85 00
www.ville-loudeac.fr

LOUARGAT

2 450
HABITANTS

Entre Guingamp, Lannion et la Baie de Paimpol, Louargat est une petite ville bretonne au patrimoine naturel riche : la forêt domaniale de Coat en Haye, la rivière Le Guer, les Menhirs de Pergat ou encore le Menez Bre. Une espèce d'intérêt patrimonial, la petite centaurée fausse-scille a notamment élu domicile sur le Méné Hoguéné. En ville, la végétation est abondante et les compositions sont bien garnies, comme les pieds de murs.

Pratique

- **Le marché hebdomadaire** a lieu tous les jeu. matins, place de l'église.
- **Mairie** : 1, place Roger Madigou
✆ 02 96 43 12 35
www.louargat.com

MELLÉ

660
HABITANTS

Petit village bucolique, Mellé est entouré de champs de « boules de granit » et de vallons verts. Les plantes sauvages trouvent ainsi leur place dans le fleurissement communal qui met également en valeur son patrimoine naturel régional : le fameux bocage breton et les zones humides locales. Plusieurs circuits permettent de découvrir le village : le « Bourg-Jardin », ou encore « Pierres et Nature » pour admirer le patrimoine bâti et paysager.

Pratique

- **Prix de l'action éducative et pédagogique (2023).**
- **Mairie** : 4, place des marches de Bretagne.
✆ 02 99 98 03 20 - www.melle.bzh

MISSIRIAC

1 201
HABITANTS

Aux portes de la forêt de Brocéliande, Missiriac est un village où nature et biodiversité s'épanouissent en toute sérénité, traversé par une trame verte et bleue qui favorise la conservation des espèces locales. Le Sentier des Amis du Jardinier est une invitation ludique à comprendre le rôle essentiel des oiseaux et des insectes butineurs dans les écosystèmes. La commune est également une étape de la Route Fleurie, un parcours partagé avec 11 autres communes labellisées.

Pratique

- **Prix de l'action éducative et pédagogique (2023).**
- Missiriac est traversé par la « Route Fleurie » qui permet de découvrir 10 villages, tous labellisés « Villes et Villages Fleuris ».
- **Mairie** : 6, rue Edouard Rolland.
✆ 02 97 75 16 14
www.mairiemissiriac.fr

PERROS-GUIREC

NOUVEAU 2024

7 297 HABITANTS

Au cœur de la Côte de Granit rose, Perros-Guirec est une station balnéaire de renom qui attire par ses plages et paysages insolites. On y découvre notamment deux ports : le bassin à flot, au milieu de la ville, et le port pittoresque de Ploumanac'h. Le verger de Crec'h Guegan ou encore la plantation d'arbres fruitiers dans les écoles de la ville sont de belles réalisations qui permettent à tous d'appréhender les différentes étapes de la vie végétale.

FOLKLORE LOCAL

Partez sur les pas de Merlin l'Enchanteur et entrez dans la vallée des Traouïéro, à la découverte d'un paysage fait de chênes, châtaigniers, rochers de granit rose et fougères géantes. Fées, poulpikans et autres korrigans peuplent tout naturellement ce joli paysage de contes.

Pratique

- **Marchés** : marché de La Rade, les mer. matins ; les ven. matins en centre-ville ; et marché de La Clarté, les dim. matins.
- **Hôtel de ville :** Place de l'Hôtel de Ville. ✆ 02 96 49 02 49 www.perros-guirec.com

© FEDEVPHOTO - ISTOCKPHOTO.COM

Les rochers de granit rose de Ploumanac'h à Perros-Guirec.

PLEUDIHEN-SUR-RANCE

3 097 HABITANTS

Entre Saint-Malo et Dinan, Pleudihen-sur-Rance arbore un riche passé historique. Un magnifique écrin entre terre et mer qui offre de beaux itinéraires de balades au cœur du futur Parc naturel régional Vallée de la Rance Côte d'Émeraude. Étendue sur plus de 70 hameaux et petits villages, la commune offre de beaux paysages maritimes : la dune de la Ville-Ger et son tapis d'orchidées (orchis Bouc, pyramidal, grenouille, bouffon, et la rare Ophrys abeille) ; la roselière du pont de Cieux…

Pratique

- **Prix national de la diversité végétale (2020).**
- **Le marché hebdomadaire** a lieu tous les mar. matins, place de la Mairie.
- **Mairie** : Le bourg.
✆ 02 96 83 20 20 - www.pleudihen.fr

PLOUHARNEL

2 160 HABITANTS

Face à la presqu'île de Quiberon, Plouharnel offre des plages de sable fin avec de magnifiques dunes à perte de vue. Paradis des oiseaux migrateurs, on y découvre également des sites culturels classés tels que le dolmen de Curcuno. Fontaines, lavoirs et ruelles aux maisons en pierre se dévoilent dans le vieux bourg entretenu par les habitants et bénévoles, comme en témoigne « Le jardin de papy » et ses dizaines d'espèces végétales.

© PRILL MEDIENDESIGN - STOCK.ADOBE.COM

Ruelles fleuries du village de Plouharnel.

Pratique

- **Prix du jardinier (2020).**
- **Le marché hebdomadaire** a lieu tous les ven. matins, place du Général de Gaulle.
- **Mairie** : 2, place Saint-Armel.
✆ 02 97 52 30 90
www.mairieplouharnel.fr

PONTRIEUX

1 016 HABITANTS

Ville de fond d'estuaire, Pontrieux doit son nom au pont qui enjambe le Trieux, le premier de son histoire. La ville a la particularité de présenter cinquante lavoirs qui bordent le fleuve, ajoutant une touche historique à son paysage. Depuis quelques années, les déplacements piétons et à vélo ont été mis en avant, pour découvrir le territoire au pas.

© BEGIR - SHUTTERSTOCK.COM

Lavoir fleuri de Pontrieux.

LES LAVOIRS FLEURIS

44 lavoirs ont été remis à neuf, et tous sont construits au fond des jardins des maisons bourgeoises en bord du Trieux. En haute saison, d'agréables promenades en barque sont organisées au départ du jardin de la Passerelle et permettent de les admirer de jour comme de nuit, avec un parcours lumière.

Pratique

- **Le marché hebdomadaire** a lieu tous les lun. matins, place de la Liberté.
- **Mairie** : Place de la Liberté.
✆ 02 96 95 60 31
www.pontrieux.bzh

ROCHEFORT-EN-TERRE

654 HABITANTS

Situé sur un éperon rocheux dans la vallée du Gueuzon, Rochefort-en-Terre est un charmant petit village prisé pour son château-fort. Il fut l'inspiration du peintre Alfred Klots, à qui l'on doit notamment la tradition des fenêtres fleuries encore active de nos jours. Le jardin public, au milieu duquel trône un amphithéâtre, est conçu comme un jardin nourricier dont les fruits et légumes sont à disposition des habitants.

© ROLF - STOCK.ADOBE.COM

Rochefort-en-Terre.

Pratique

- **Le marché hebdomadaire** a lieu tous les dim. matins, place des Halles.
- **Mairie** : 1, place des Halles.
✆ 02 97 43 32 81
www.rochefort-en-terre.fr

QUIMPER

63 513 HABITANTS

Ville d'Art et d'Histoire remarquable, Quimper est la capitale de la Cornouailles. Située sur l'estuaire de l'Odet, elle offre un panorama remarquable et de nombreux espaces verts. Mis en valeur par des aménagements paysagers qui font intervenir plusieurs strates végétales, ils forment un véritable « jardin global » réparti sur tout le territoire. De nombreux espaces thématiques sont ainsi à découvrir aux quatre coins de la commune.

LE JARDIN DU PRIEURÉ

Classé Jardin remarquable, il s'étend le long de l'Odet. Aménagé dans l'esprit d'un jardin de monastère, typique de l'époque d'Anne de Bretagne, il présente un fort symbolisme religieux que l'on retrouve notamment dans ses allées en croix, dans la fontaine aux quatre sources rappelant le jardin d'Eden, ou encore la pergola en chêne qui renvoie à la voûte céleste. Les espèces sont présentées en latin et en français, organisées selon leur utilisation. C'est le seul jardin de ce type dans la ville.

© G.OZENNE - ISTOCKPHOTO.COM

Les remparts de Quimper.

FLÂNER EN VILLE

Une visite dans le jardin du Théâtre est l'occasion d'en découvrir la roseraie. Un voyage pour les sens, entre couleurs et parfums, accompagné de plantes vivaces et de végétaux de collection.

On en prend plein les yeux au jardin du Conservatoire, qui référence de nombreuses plantes exotiques dans les tons rouges et orangés – dont l'arbre de feu du Chili (Embothrium coccineum), le crocosmia 'Lucifer' ou le baliser rouge (Canna indica). Pour des moments de farniente au calme, rendez-vous au parc de Kervouyec. On y trouve notamment un ruisseau, une boucle piétonne, et une magnifique collection de frênes.

DE BELLES INITIATIVES

Le « jardin pédagogique itinérant » permet notamment de mettre en avant la découverte du vivant, l'éveil à la curiosité ou encore les bienfaits du jardin. Aussi, l'opération « Embellissons la ville » invite les habitants à prendre part au fleurissement, en entretenant un espace proche de leur domicile.

Pratique

- **Prix de la diversité végétale (2015).**
- **Prix de l'action éducative et pédagogique (2018).**
- **Les marchés** : les mer. et sam. rue Astor ; le ven. après-midi, place Théophile-Bonnemaison ; et le dim. matin, place Victor Schoelcher.
- **Hôtel de ville** : 44, place St Corentin. ✆ 02 98 98 89 89 www.quimper.bzh

ROSCOFF

3 404 HABITANTS

Dans la baie de Morlaix, sur une presqu'île qui fait face à l'Île de Batz, Roscoff est une ancienne cité corsaire célèbre pour ses oignons rosés et ses Johnnies. Petite ville balnéaire forgée par la mer, c'est également le berceau de la thalassothérapie française grâce à la qualité de l'air et de l'eau. Côté fleurissement, la biodiversité est préservée grâce à l'utilisation d'une palette végétale variée dans les compositions et massifs communaux.

LE JARDIN BOTANIQUE

Perché à 18 m de haut, le jardin exotique rassemble plus de 3 000 espèces de plantes subtropicales. Labellisé Jardin remarquable, on y découvre une magnifique serre de succulentes et de cactus.

MA RUE EN FLEURS

Tous les ans, la municipalité offre des sachets de graines à ses habitants afin de fleurir leurs pieds de murs. Une sympathique façon d'inciter les Roscovites à prendre part au fleurissement de la ville et à embellir leurs quartiers.

Pratique

- **Le marché hebdomadaire** a lieu tous les mer. matins, sur le Quai d'Auxerre.
- **Mairie** : 6, rue Louis Pasteur.
✆ 02 98 24 43 00 - www.roscoff.bzh

SAINT-GERMAIN-EN-COGLÈS

2 104 HABITANTS

Saint-Germain-en-Coglès oscille entre patrimoine historique et patrimoine naturel remarquable, avec un fleurissement thématique annuel. Au cœur du village, le jardin de l'eau invite à la découverte des ruisseaux de la Vollerie et de la Haute-Bressaye. Sur 6 ha, des zones humides accueillent une biodiversité très riche et plusieurs lavoirs restaurés, où faune et flore locales cohabitent en harmonie.

Pratique

- **Mairie** :
1, place de la Mairie.
✆ 02 99 95 45 25
www.saint-germain-en-cogles.com

© YANNICK - STOCK.ADOBE.COM

Saint-Germain-en-Coglès.

SAINT-BRIEUC

43 609 HABITANTS

Saint-Brieuc est indissociable de la baie du même nom, célèbre pour ses marées, sa réserve naturelle et ses panoramas exceptionnels. Construite autour de trois vallées – Gouédic, Gouët et Douvenant –, la ville est au cœur de la nature. La vallée du Gouëdic, notamment, est un véritable écrin arboré qui sillonne la ville en coulée verte jusqu'au port du Légué.

UN PATRIMOINE MIS EN VALEUR

80 arbres d'intérêt à découvrir au sein de l'arboretum du parc des promenades. Des jardins partagés et familiaux ont également été mis en place pour les habitants de la commune.

LES PARCS BRIOCHINS

Au cœur du Gouëdic, le parc de Ty-Coat offre une magnifique roseraie à la française, une bambouseraie et une pente d'arbustes. Le parc du bois Boissel s'étend sur 42 ha, avec notamment un parcours santé apprécié par les sportifs et un décor de sous-bois.

Pratique

- **Fleur d'Or (2019).**
- **Les marchés** : mer. et sam. matins en centre-ville, et le dim. matin place Jules Verne.
- **Hôtel de ville** : Place du Général de Gaulle. ✆ 02 96 62 54 00 - www.saint-brieuc.fr

SAINT-GILLES-VIEUX-MARCHÉ

351 HABITANTS

Au cœur de la vallée de Poulancre et ancienne capitale de la clouterie, Saint-Gilles-Vieux-Marché est un petit village plein de caractère. On y dénombre quelques sites remarquables, dont ses étangs, qui sont à découvrir grâce à plusieurs circuits : le circuit « couleurs et paysages », ou encore les deux sentiers pédestre, équestre et VTT au départ du bourg

Pratique

- **Fleur d'Or (2022).**
- **Mairie** : 2, rue de la Mairie
✆ 02 96 28 53 39
www.saint-gilles-vieux-marche.fr

SAINT-JUVAT

647 HABITANTS

Dans le Pays de Dinan, Saint-Juvat est bordée par la Rance. La végétation y est savamment mise en avant pour sublimer le patrimoine bâti : arbres fruitiers sur les places ; iris, jonquilles et des tulipes en massifs ; rosiers aux endroits stratégiques ; et autres sauges, gauras, anémones, hémérocalles, géraniums macrorhyzum, véroniques... Une voie verte et de nombreux sentiers de randonnée permettent notamment aux visiteurs de découvrir le territoire à pied ou à vélo.

Pratique

- **Prix national de la mise en valeur du patrimoine (2023).**
- **Mairie** : 14, place de l'Ecole.
✆ 02 96 83 46 64
www.saint-juvat.fr

SAINT-LAUNEUC

196 HABITANTS

Dans les Côtes d'Armor, une visite à Saint-Launec est l'occasion de découvrir un arbre remarquable : un if, arbre sacré pour les Celtes, planté lors de la construction de l'église Saint-Léonore, au XIIIe siècle. Mais ce n'est pas tout, puisque l'arbre centenaire accueille en son sein un merisier aux magnifiques fleurs blanches. Le végétal et le minéral sont également parfaitement en harmonie dans les compositions florales de la commune, toutes en couleurs.

Pratique

- **Saint-Launeuc comporte deux monuments historiques classés** : le château et la chapelle de la Bruyère.
- **Mairie** : 1, rue du Moulin. ✆ 02 96 56 14 21

VITRÉ

18 998 HABITANTS

© ARMANDO OLIVEIRA - STOCK.ADOBE.COM

Vitré.

Nichée dans un bocage vallonné, bordé d'étangs paisibles, Vitré offre un cadre de vie et un patrimoine remarquables. Plusieurs jardins sont à découvrir, tous entretenus dans une démarche durable et en accord avec le développement de la ville. Des essences locales sont utilisées dans les compositions et massifs, et l'on dénombre plusieurs arbres centenaires, dont certains remarquables. Une coulée verte entoure la ville, depuis le pied des remparts, entretenue en éco-pâturage par des moutons avranchins.

Pratique

- **Le marché hebdomadaire** a lieu tous les sam. matins, place de la République.
- **Mairie** : ✆ 02 99 75 05 21 www.mairie-vitre.com

Cathédrale Notre-Dame de Chartres.

© ATERROM - STOCK.ADOBE.COM

CENTRE-VAL DE LOIRE

Célèbre pour ses nombreux châteaux qui marquent son territoire, la région Centre-Val de Loire accueille près de 3,5 millions d'habitants à l'année, que viennent compléter les nombreux touristes attirés par son riche patrimoine historique. Elle est divisée en 6 départements : le Cher, l'Eure-et-Loir, l'Indre, l'Indre-et-Loire, le Loir-et-Cher, et le Loiret. Au centre de la France, la région est irriguée par plusieurs cours d'eau, tels que la Loire, le Loir et le Loiret, qui façonnent le paysage. Entre marais, plaines et grands espaces naturels, le territoire est riche de découvertes et saura offrir de nombreuses activités à ses visiteurs.

AUBIGNY-SUR-NÈRE

5 630 HABITANTS

© JACKF - STOCK.ADOBE.COM

Rue des Dames à Aubigny-sur-Nère.

Au carrefour du Berry et de la Sologne, Aubigny-sur-Nère offre une large variété d'espaces naturels, avec notamment la présence d'une trame bleue le long du passage de la petite rivière qu'est la Nère et ses bras. Autrefois concession du royaume d'Écosse, la ville est surnommée La Cité des Stuarts – passé historique que l'on retrouve dans l'éco-pâturage réalisé par Higland Cattle, des vaches écossaises !

Pratique

- **Prix de l'attractivité touristique (2022).**
- **Le marché hebdomadaire** a lieu tous les sam. matins en centre-ville.
- **Mairie** : 2, place de la Résistance.
✆ 02 48 81 50 00
www.aubigny.net

AVOINE

1 935 HABITANTS

Entre la Loire et la Vienne, Avoine se trouve au cœur du territoire du Véron. Ce village au charme authentique offre deux sites remarquables : les Puys du Chinonais, buttes calcaires et sableuses où l'on peut admirer de belles orchidées sauvages ; et les Hauts de Bertignolles, dont l'ancienne gravière a été aménagée en étang où menthes aquatiques et salicaires abondent.

Pratique

- **Le marché hebdomadaire** a lieu le vendredi matin, au parc Lepez.
- **Mairie** : 34, rue Marcel Vignaud
✆ 02 47 98 11 11
www.ville-avoine.fr

BLOIS

45 627
HABITANTS

Au cœur du pays des châteaux, Blois est une cité au riche patrimoine architectural bâtie sur la rive droite de la Loire. Construite en amphithéâtre au-dessous du fleuve, la vieille ville se découvre en empruntant escaliers et ruelles escarpées. La ville regorge de promenades fleuries et plantées, de grands parcs et de Jardins remarquables.

VILLE D'ARBRES ET D'HISTOIRE

Les massifs boisés de la ville offrent notamment un patrimoine arboré de qualité, avec plus de 70 essences différentes et 93 arbres remarquables répartis sur tout le territoire.

PARCS ET JARDINS

Blois est une ville très végétalisée. On y découvre plusieurs espaces naturels d'exception : le parc de l'Arrou et le lac de la Pinçonnière qui s'étendent sur 45 ha ; le parc des Mées en bord de Loire ; la forêt de Russy ; le port de la Creusille ; ou encore la roseraie des jardins de l'Évêché et ses 50 variétés.

Pratique

- **Prix de la mise en valeur du patrimoine (2017).**
- **Les marchés** : les mer. matins, rue Pierre-et-Marie-Curie ; jeu. matins au centre commercial Quinière ; ven. après-midi, place Rol-Tanguy ; sam. matins en centre-ville et place de la République ; et dim. matins, place Lorjou.
- **Mairie** : 9, place Saint-Louis. ✆ 02 54 44 50 50 www.blois.fr

© VALERY ROKHIN - STOCK.ADOBE.COM

Jardins de l'Évêché à Blois.

BOURGES

64 658 HABITANTS

Inscrite au patrimoine mondial de l'UNESCO, Bourges est la capitale du Berry. Aux détours de la vieille ville, entièrement sauvegardée et restaurée, on découvre des maisons à colombages, de nombreux édifices classiques, la cathédrale Saint-Étienne, ou encore le palais de Jacques Cœur. Parée de riches jardins, Bourges est considérée comme l'une des plus belles villes de France.

© TANIA_WILD - STOCK.ADOBE.COM

Cathédrale de Bourges.

LE JARDIN DE L'HÔTEL DE VILLE

Niché entre la cathédrale Saint-Étienne et l'Hôtel de Ville, ce beau jardin à la française bénéficie d'un environnement somptueux. Dessiné par un élève de Le Nôtre, et s'organise autour d'un boulingrin encadré de somptueux massifs et de beaux arbres.

LE JARDIN DES PRÈS-FICHAUX

Créé en 1922 par le paysagiste de la ville, c'est l'un des rares exemples de jardins Art Déco en France. On y découvre une allée centrale bordée d'arcades d'ifs, des magnolias taillés en cônes, le tout sublimé par un très beau fleurissement estival.

Pratique

- **Les marchés** : mar., esplanade Pierre Mendès France ; mer., avenue Gustave Eiffel ; jeu., place des Marronniers ; ven. sur le parking du CC Cap Nord ; sam., rue des Cordeliers ; et dim., place Saint Bonnet.
- **Hôtel de ville** : 11, rue Jacques Rimbault. ✆ 02 48 57 80 00 www.bourges.fr

CHARTRES

39 698 HABITANTS

Au cœur d'une vallée verte, Chartes est aménagée sur les bords de l'Eure. La nature est omniprésente dans cette ancienne cité médiévale au riche patrimoine historique. Sa célèbre cathédrale aux deux clochers se dévoile en son centre, tandis que de nombreux parcs et jardins créent de véritables poumons verts en pleine ville : 385 ha d'espaces verts et naturels, et 11 000 arbres provenant de 180 essences différentes jalonnent ainsi le territoire

LE JARDIN D'HORTICULTURE

Il offre un patrimoine arboré composé de nombreuses espèces rares : cyprès chauves, chêne pyramidal, séquoia, noyer d'Amérique et un ginko-biloba. Une faune remarquable est également à y découvrir, avec une très belle collection de canards d'ornement tels que les sarcelles, carolins, mandarins, ou encore canards siffleurs.

LE PARC DES BORDS DE L'EURE

Non loin de la cathédrale, les bords de l'Eure sont bien aménagés et offrent un cadre verdoyant et ombragé idéal pour une promenade en barque, pédalo, canoë... Un parc animalier avec des chèvres, lapins et paons, des volières où l'on peut admirer canards, oies, poules et faisans, comble le tableau pour un moment en famille.

© HILDAWEGES - ISTOCKPHOTO.COM

Parc des bords de l'Eure.

Pratique

- **Fleur d'Or (2010 et 2022).**
- **Les marchés** : les mer. matins, sur le boulevard Chasles et sur le mail des Clos ; les sam. sur la place Billard et la place de la Poissonnerie ; et les dim. sur le mail des Clos.
- **Hôtel de ville** : Place des Halles. ✆ 02 37 23 40 00 - www.chartres.fr

CHÂTEAUROUX

44 088 HABITANTS

Entre forêt et rivières, Châteauroux est à la fois cité médiévale et ville industrielle. Elle doit son nom au château Raoul, construit sur les bords de l'Indre. Une grande variété de paysages s'offre aux visiteurs : lacs, jardins, prairies, bocages… De nombreux espaces sont dédiés à la biodiversité, comme le jardin public et sa collection de plantes vivaces et d'arbres remarquables. La forêt domaniale et ses 5 000 ha est l'une des plus grandes chênaies de France.

Pratique

- **Les marchés** : du mar. au sam. matins, place Monestier ; marché Saint-Jacques mer. matins ; marché Les Marins ven. matins ; et sam. matins, place de la République.
- **Hôtel de ville** : 1, place de la République. ✆ 02 54 08 33 00 www.chateauroux-metropole.fr

CHÉDIGNY

570 HABITANTS

À quelques kilomètres de Chenonceau, Chédigny se distingue comme un véritable village-jardin, où la rose règne en maître. Plus de 1 000 rosiers ornent les façades des maisons et bordent les rues, créant un décor enchanteur. La commune abrite une prairie humide, véritable refuge à une riche faune et flore que les visiteurs peuvent découvrir en empruntant un sentier pédagogique.

© ROLFST - ISTOCK.COM

Village de Chédigny.

Pratique

- **Fleur d'Or (2019).**
- **Prix national de la diversité végétale (2022).**
- **Mairie** : 5, place de la Mairie.
  ✆ 02 47 92 51 43
  www.chedigny.fr

JOUÉ-LÈS-TOURS

38 444 HABITANTS

Au sud du Cher, Joué-lès-Tours est l'une des plus anciennes communes d'Indre-et-Loire. La ville est traversée par la « Loire à Vélo » , l'une des plus belles véloroutes de France, au niveau des Bocages de la Gloriette – un Espace naturel sensible tout en espaces boisés, prairies et mares. Des sentiers de randonnée permettent également de découvrir le territoire, entre lac des Bretonnières, belles demeures et Grand Moulin de Ballan-Miré.

PARC DE LA RABIÈRE

Le lieu abritait autrefois un parc zoologique créé par la famille Barris, où se côtoyaient lions, loups et dromadaires. Laissé à l'abandon par la suite, la commune s'est réapproprié les lieux pour en faire un espace de promenade agréable : recomposition du ruisseau Le Rigny en cascades et réaménagement de ses berges, reconstitution d'une grande clairière au bas du parc, aire de jeux…

LES ÉTANGS DE NARBONNE

Classés Espace Naturel Sensible, ils sont reliés par le ru de la Piole et abritent 20 espèces d'orchidées sauvages qui tapissent les pelouses calcicoles au printemps.

Pratique

- **Les marchés** : les jeu. matins, place Nelson Mandela ; les sam. matins au centre commercial de la Vallée Violette ; les mer. et dim. matins, place de la Liberté.
- **Mairie** : Parvis Raymond Lory.
  ✆ 02 47 39 76 40
  www.jouelestours.fr

DREUX

NOUVEAU 2024

30 879 HABITANTS

Située à un carrefour stratégique entre les Yvelines et la Normandie, Dreux occupe une place centrale au cœur du Drouais. La ville se découvre au fond d'une vallée au confluent de la Blaise, de l'Avre et de l'Eure. Ancienne cité royale, elle abrite notamment un patrimoine architectural remarquable, tel que la sépulture du roi Louis-Philippe ou la nécropole de la famille d'Orléans dans l'enceinte du château.

UNE CITÉ HORTICOLE

Depuis 2005, la ville organise un marché aux plantes unique en Eure-et-Loir : la fête des Naturalies, au cœur du parc du Domaine royal Saint-Louis, qui rassemble pépiniéristes, horticulteurs, collectionneurs et producteurs.

Les passionnés pourront notamment observer une nouvelle espèce de rose qui viendra embellir les rues de la cité à partir du printemps 2025 : la rose jaune « Ville de Dreux, Princesse Philoména ».

Deux arbres remarquables sont également à découvrir sur le territoire : l'érable plane de 150 ans du square du Duc d'Aumale ; et le séquoia géant planté en 1880 dans le square de la République. Tandis que le parc Louis-Philippe est le plus arboré de la ville, avec pas moins de 477 arbres.

Pratique

- **Marchés** : tous les mer. matins, place du 8 mai 1945 ; et les dim. matins, place de Verdun.
- **Hôtel de ville** : 2, rue Châteaudun.
✆ 02 37 38 84 12 - www.dreux.com

© DIDIER LAURENT - STOCK.ADOBE.COM

Bords de la Blaise à Dreux.

MONTARGIS

15 500 HABITANTS

Montargis est surnommée la Venise du Gâtinais en référence aux cours d'eau qui la sillonnent : le Loing, le canal de Briare et le Puiseaux. Tout un circuit de ponts végétalisés permet de découvrir la ville, ainsi que ses « rues sur l'eau » : de magnifiques barques fleuries arrimées au fil de l'eau. Des espèces nouvelles sont intégrées chaque année au fleurissement de la ville, qui dispose de belles collections : saules, hydrangeas…

Pratique

- **Fleur d'Or (2021).**
- **Mairie** : 14, place de l'Ecole. ✆ 02 96 83 46 64 - www.saint-juvat.fr

© JEAN-PAUL BOUNINE - STOCK.ADOBE.COM

Canal de Montargis depuis la rue de l'Ancien Palais.

MOUTIERS-EN-BEAUCE

238 HABITANTS

Au cœur de la région qui lui donne son nom, Moutiers-en-Beauce est une jolie petite commune qui se pare de compositions florales tout au long de l'année : roses, géraniums et tulipes ornent le bâti traditionnel, et des haies d'ifs ou de troènes encadrent la mare communale. Niché dans les terres à blé beauceronnes, le village est sublimé par la présence du végétal.

Pratique

- **Mairie** : 10, rue des Trois Fleurs. ✆ 02 37 22 12 36.

OLIVET

22 386 HABITANTS

Traversée par le Loiret, Olivet était autrefois réputée pour les guinguettes de bords d'eau qui attiraient les Orléanais. Plusieurs sentiers permettent de découvrir le territoire pour de petites promenades ou grandes randonnées autour du Loiret : sentier des Prés, des Martinets, de la Mothe, des Tacreniers, ou encore de la Fosse-Marion.

Pratique

- **Le marché hebdomadaire** a lieu tous les ven. après-midis, place Louis Sallé.
- **Hôtel de ville** :
283, rue du Général de Gaulle.
✆ 02 38 69 83 00
www.olivet.fr

ORMES

4 200 HABITANTS

Au cœur de la métropole orléanaise, Ormes offre un cadre de vie très agréable entre espaces urbains et plaines cultivées de la Beauce. Ville dynamique à l'esprit village, on y découvre de beaux espaces naturels : le jardin de la Maison de la Polyculture et ses différentes essences d'arbres fruitiers et de vignes ; ou encore le domaine de la Canaudière, véritable poumon vert qui offre promenades, cueillettes et activités sportives variées.

Pratique

- **Prix de la mise en valeur du patrimoine naturel (2022).**
- **Le marché hebdomadaire** a lieu tous les dim. matins, sur le mail de la Poule blanche.
- **Mairie** : 147, rue Nationale.
✆ 02 38 70 85 20 - www.ville-ormes.fr

PIERREFITTE-SUR-SAULDRE

752 HABITANTS

Au cœur de la Sologne authentique, Pierrefitte-sur-Sauldre est un petit village-jardin des plus agréables. Les espaces verts sont fleuris à l'anglaise, tandis que les aménagements floraux sont imaginés en cohérence avec le caractère rural du territoire. On y découvre une belle diversité végétale, avec plantes annuelles, vivaces et plantations arbustives – un fleurissement qui en inspire plus d'une, communes voisines ou lointaines !

Pratique

- **Le marché hebdomadaire** a lieu tous les sam. matins, dans le passage de la Salle des Fêtes.
- **Mairie** :
26 rue de Souesmes.
✆ 02 54 88 63 23
www.pierrefitte-sur-sauldre.fr

ORLÉANS

118 000 HABITANTS

Ville-jardin moderne et agréable, Orléans offre de beaux exemples de végétalisation et de mise en valeur de son patrimoine. Les compositions florales sont agrémentées de plantes vivaces pour un rendu très naturel à admirer aux coins des rues. La ville offre également 18 parcs et jardins soigneusement aménagés, ainsi qu'un beau patrimoine arboré avec plus de 200 arbres remarquables.

LE JARDIN DES PLANTES

Jardin d'agrément et lieu d'expérimentation végétale, c'est l'un des trois plus grands jardins de la ville. Les massifs d'essai permettent aux jardiniers de tester les compositions florales avant leur implantation dans l'ensemble de la ville. On y découvre également plusieurs univers : une palmeraie exotique, un jardin aux roses avec certaines essences de concours, une grande serre néo-classique, ou encore les 7 jardins climatiques aux biotopes différents.

PARC FLORAL DE LA SOURCE

Le parc floral est l'endroit idéal pour les amoureux de fleurs et de grands espaces. La source du Loiret sillonne au cœur du parc et dévoile plusieurs jardins aux floraisons saisonnières : le jardin des formes, le jardin de rocaille (avril/juin), le jardin prairie (juillet/septembre), le jardin d'iris (mai/juin), le parcours tropical (juillet/août)... La serre aux papillons offre également un joli moment hors du temps où papillons et plantes exotiques cohabitent en harmonie.

LE PARC LOUIS PASTEUR

Autrefois consacré à la vigne, il offre une partie paysagère avec de grandes pelouses, et un jardin à la française avec un bassin à bateaux miniatures. On y découvre également quelques arbres remarquables, dont des hêtres pleureurs, un Ginkgo biloba, un cèdre Bleu ou encore un cèdre de l'Himalaya.

Pratique

- **Les marchés** : mer. après-midi en centre-ville ; voir en ligne par quartiers.
- **Hôtel de ville** : Place de l'Étape.
✆ 02 38 79 22 22
www.orleans-metropole.fr

© JM SOEDHER - STOCK.ADOBE.COM

Parc floral de la Source, Orléans.

QUIERS-SUR-BÉZONDE

1 155 HABITANTS

Berceau de la rosiculture, Quiers-sur-Bézonde est un véritable havre de paix orné de plus de 3 000 rosiers dont la culture occupe un tiers des surfaces agricoles de la commune. Plusieurs sentiers thématiques sont propices aux promenades dans les rues de la commune : le sentier des abeilles bordé d'arbustes, le sentier de la rose pour découvrir le patrimoine végétal, ou encore la voie verte située sur l'ancienne voie ferrée.

DES JARDINS À THÈMES

En plein centre-ville, un espace intergénérationnel et de découverte du monde végétal a été aménagé par la municipalité. On y découvre aussi les spécificités du village : les rosiers, les briques, et la vigne. Un amphithéâtre de verdure, des mini potagers, des arbres fruitiers et une roseraie « label rouge » complètent le tableau.

LES PASSERELLES DE L'AUNOY

Des zones humides ont été recréées pour réguler les cours de la Bezonde et favoriser le développement de l'habitat aquatique et la diversité végétale. On déambule en empruntant des passerelles en bois et en découvrant l'ancien lavoir.

Pratique

- **Prix national de la démarche citoyenne (2022).**
- **Le marché hebdomadaire** a lieu tous les mer. après-midi, place du Hallier.
- **Mairie** : 138, rue de la Mairie.
✆ 02 38 90 10 58
www.quiers-sur-bezonde.fr

SAINT-CYR-SUR-LOIRE

16 627 HABITANTS

En Touraine, Saint-Cyr-sur-Loire charme ses visiteurs avec ses coteaux boisés, espaces verts et demeures anciennes. Idéal pour les promenades apaisantes, où l'on admirera les aménagements floraux de grande qualité qui mettent en valeur les bâtiments. Côté patrimoine vert, on y trouve quelque 69 arbres remarquables, ainsi que le bois de la Rablais, site classé et protégé.

PARC DE LA PERRAUDIÈRE

Avec ses 5 ha, l'endroit fait office d'arboretum avec plus de 120 espèces végétales répertoriées sur place. On y découvre également une arbothèque, une mini-ferme et des ruches pédagogiques.

PARC DE MONTJOIE

Au cœur de la ville, ce parc est une véritable coulée verte qui offre une magnifique vue sur la Loire. Il est relié au parc de la Tour, qui présente un parcours dédié aux auteurs et à la littérature.

LE CARRÉ VERT

Cette place-jardin offre un bel espace ouvert orienté vers la pelouse centrale qui fait office de lieu de rencontres. Au fond, un parcours naturel bordé d'arbres offre un terrain idéal pour les skateurs.

Pratique

- **Fleur d'Or (2017 et 2023).**
- **Marchés** : les mar. et ven. matins place du Lieutenant-Colonel Mailloux.
- **Hôtel de ville** : Parc de la Perraudière.
✆ 02 47 42 80 00
www.saint-cyr-sur-loire.com

SAINT-CYR-EN-VAL

2 953 HABITANTS

Entre Loire et Sologne, Saint-Cyr-en-Val est un village particulièrement bien préservé. La commune met notamment l'accent sur la préservation de son patrimoine naturel et architectural. La particularité du village se dévoile au cœur du domaine de Morchène, avec un parc boisé qui offre une magnifique collection d'iris labellisée « Collection Agréée » (2008) et National (2019), avec près de 2 000 plants pour 455 variétés.

Pratique

- **Fleur d'Or (2022).**
- **Le marché hebdomadaire** a lieu tous les dim. matins, place de l'Église.
- **Mairie** : 140, rue du 11 Novembre 1918
✆ 02 38 76 20 20
www.mairie-saintcyrenval.fr

VENDÔME

3 295 HABITANTS

Entre Perche et Beauce, Vendôme est une véritable ville-jardin, où la nature est omniprésente. Le Parc du Château, avec ses six hectares de jardin à l'anglaise, offre une vue imprenable sur la ville et abrite des arbres centenaires comme son majestueux cèdre de l'Atlas. Une promenade dans le Parc Ronsard permet de découvrir ses platanes majestueux, dont le plus ancien fut planté en 1759.

© PACK-SHOT - SHUTTERSTOCK.COM

Passerelle du Puits à Vendôme.

Pratique

- **Prix national du fleurissement printanier (2022).**
- **Les marchés** : les mer. après-midi, parc Ronsard ; les ven. en journée, place Saint-Martin ; et marché des Rottes les dim. matins.
- **Mairie** : Parc Ronsard.
✆ 02 54 89 42 00 - www.vendome.eu

TOURS

136 565 HABITANTS

Ville royale et capitale des châteaux de la Loire, Tours a été façonnée par la présence du fleuve. Appréciée des visiteurs pour son art de vivre, ses monuments, musées et jardins, la cité offre un riche patrimoine culturel. Avec un cadre urbain qui s'est densifié au fil des années, la municipalité est notamment engagée pour maintenir et développer la présence du végétal sur son territoire. Fleurissement et embellissement sont ainsi indissociables et viennent améliorer les espaces publics.

© VALERY ROKHIN - STOCK ADOBE.COM

Place Jean Jaurès à Tours.

L'EMBLÈME DE LA VILLE

Le jardin des Prébendes d'Oé recèle une grande variété de végétaux et points d'eau, offrant des perspectives multiples sur la nature. Véritable havre de paix qui fait la fierté des Tourangeaux, c'est l'un des plus grands jardins du centre-ville, également classé Jardin remarquable.

LE JARDIN BOTANIQUE

Lieu de promenade incontournable de la ville, il recense plus de 2 000 espèces différentes. L'arboretum présente des arbres remarquables tels qu'un Ginkgo biloba au feuillage jaune d'or. Au nord, on découvre une magnifique allée bordée de Magnolia grandiflora et un jardin d'inspiration japonaise aux collections de plantes de terre de bruyère, méditerranéennes, aquatiques et de terrain sec. En continuant la promenade, on tombe sur un jardin des senteurs où toutes les odeurs de la nature sont représentées. Plus loin, les serres de collections sont réparties en 3 thèmes : plantes tropicales, flore d'Afrique du Sud et plantes de sous-bois tropicaux.

LE JARDIN DU MUSÉE DES BEAUX-ARTS

Après une visite au musée, on s'arrêtera au jardin pour admirer un majestueux cèdre du Liban plus que bicentenaire. Un jardin à la française est entouré d'ifs en créneaux, avec deux parterres en mosaïculture représentant des œuvres du musée. Au fond, on découvre un « petit bois » propice à des promenades en toute sérénité dans ses allées régulières.

Pratique

- **Prix national de l'arbre (2002).**
- **Hôtel de ville** : 1-3, rue des Minimes.
✆ 02 47 21 60 00
www.tours.fr

VEUIL

391 HABITANTS

Niché au cœur du Berry, ce petit village en dehors des sentiers battus, a su se démarquer en cultivant l'élégance et le charme rural. Veuil enchante avec ses espaces fleuris où se mêlent savamment plantes vivaces, arbustes et floraisons délicates. Une visite sera également l'occasion de découvrir son charmant patrimoine architectural.

Pratique

- **Prix de la valorisation touristique du label (2016 et 2019)**
- **Mairie** : 2, rue de la Fontaine.
✆ 02 54 40 32 71

YÈVRE-LE-CHÂTEL

211 HABITANTS

Sur la Route de la rose du Loiret, Yèvre-le-Châtel est un village-jardin au caractère authentique. Son cadre historique offre une diversité de fleurissements : amanderaie, roseraie, treilles… Dans la cour haute du château, on découvre notamment des carrés botaniques créés sur le modèle des jardins du Moyen Âge et qui abritent plus de 150 plantes aromatiques, médicinales et tinctoriales. À noter : c'est l'un des deux seuls villages de France à être labellisé Jardin remarquable. Il est également classé parmi les plus beaux villages de France.

Pratique

- **Prix national de la diversité végétale (2023).**
- Commune associée à Yèvre-la-Ville, labellisée 1 Fleur.
- **Mairie** : 101, rue Saint-Lubin.
✆ 02 38 34 23 48
www.yevre-la-ville.fr
- **Le marché hebdomadaire** a lieu le dimanche matin, sur la place du Bourg.

© ALEXANDRE.ROSA - SHUTTERSTOCK.COM

Yèvre-le-Châtel.

CORSE

Surnommée l'Île de Beauté, la Corse est quant à elle un petit bijou à découvrir au large des côtes françaises et face à la Sardaigne voisine. Divisée en deux départements, Corse-du-Sud et Haute-Corse, l'île est pleine de surprises et de paysages atypiques à perte de vue : bord de mer, cités médiévales, maquis...

LAMA

148 HABITANTS

© RALF WERNER FROELICH - ISTOCKPHOTO

Vue plongeante sur le village de Lama.

Seul village labellisé « 4 fleurs » de l'Île de Beauté, Lama se situe sur l'ancienne Piève de Canale. Autrefois tourné vers la culture de l'oliveraie, l'oléiculture avait une part importante dans la vie du village. On y découvre un riche patrimoine naturel composé de maquis, de forêts de chênes verts et d'une multitude d'espèces végétales. Les plantes endémiques sont mises en avant avec le label « Corsica Grana » qui en garantit l'authenticité.

Pratique

- **Hôtel de ville** : Rue Félix Faured. ✆ 04 95 48 21 05 - www.lama.corsica

Colmar.

© ADISA - STOCK.ADOBE.COM

GRAND EST

Avec 5,5 millions d'habitants, le Grand Est englobe la partie nord-est du territoire et ses 10 départements : les Ardennes, l'Aube, la Marne, la Haute-Marne, la Meurthe-et-Moselle, la Meuse, la Moselle, le Bas-Rhin, le Haut-Rhin, et les Vosges. La région peut également se découper en plusieurs entités aux identités bien marquées : l'Alsace et la Lorraine, à l'influence franco-germanique proéminente, et leurs capitales respectives, Strasbourg et Nancy ; la Champagne reconnue pour ses grands domaines viticoles, dont le chef-lieu est Châlons-en-Champagne ; et les Ardennes, proches de la Belgique, et centrées autour de Charleville-Mézières.

BACONNES

277 HABITANTS

Situé entre les deux voies romaines de Reims à Verdun et de Reims à Bar-le-Duc, Baconnes est un village-jardin joliment fleuri depuis plus de 50 ans. Ici, les jardins des habitations ne sont pas clôturés et le fleurissement envahit ainsi l'espace public. De vastes pelouses et de nombreuses zones arborées s'intègrent parfaitement avec les massifs de fleurs, entretenus collectivement par les bénévoles du village.

Pratique

- **Prix de l'action éducative et citoyenne (2024).**

- **Mairie :** 1, place de la Gloye.
✆ 03 26 66 13 77
www.baconnes-village-fleuri.fr

BEAULIEU-EN-ARGONNE

40 HABITANTS

Blotti dans la forêt Argonnaise, Beaulieu-en-Argonne est un petit village-rue d'une quarantaine d'habitants qui attire les touristes grâce à ses 3 Monuments Historiques : le rocher du Boulanger, la terrasse de Beaulieu, et le vallon de Saint-Rouin. Le circuit « Patrimoine et Fleurissement » permet de découvrir les particularités du territoire : pieds de vigne, marronniers, pressoir, presbytère, vestiges. Il est le plus petit village labellisé 4 Fleurs.

Pratique

- **3 sites classés aux Monuments Historiques :** rochers du Boulanger, terrasse de Beaulieu, vallon de Saint-Rouin.

- **Mairie :**
19, Grande Rue.
✆ 03 29 70 68 62
www.beaulieu-en-argonne.fr

BISCHHEIM

17 520 HABITANTS

Cadeau de baptême de Clovis à Saint Rémy, Bischheim est une ville-jardin harmonieuse. Véritable poumon vert de la ville, la forêt péri-urbaine de la Ballastière est un havre champêtre où l'on trouve une base nautique, ainsi qu'un Gramineum à l'entrée qui présente une belle collection de graminées ornementales. Le circuit Vitaboucle permet de découvrir le territoire selon plusieurs niveaux de difficulté, entre parcs et canal de la Marne au Rhin.

Pratique

- **Le marché hebdomadaire** a lieu tous les ven. matins, place de la République.

- **Hôtel de ville :** 37, route de Bischwiller.
✆ 03 88 20 83 83
www.ville-bischheim.fr

BERGHEIM

2 118 HABITANTS

Au cœur du vignoble alsacien, Bergheim est une ancienne cité médiévale fortifiée aux remparts particulièrement bien préservés. Les maisons à colombages et ruelles typiques de la commune sont joliment fleuries, et l'on y observe un tilleul planté en 1313 à la floraison annuelle. On y découvre également plusieurs jardins à thème : le Jardin des sorcières et ses plantes aux vertus culinaires et médicinales ; le Jardin d'Aneth avec plantes anciennes et arbustes à petits fruits…

© ANTONIO FILIPPI - SHUTTERSTOCK.COM

Grand Rue à Bergheim.

LE CIRCUIT DU GRASBERG

Cette colline aux herbes s'élève sur le piémont calcaire entre Rorschwihr et Bergheim. Avec son microclimat méditerranéen, elle accueille une biodiversité riche : orchidées sauvages, lézards, araignées, papillons…

LE CIRCUIT DES REMPARTS

Tout autour de la ville, les 2 km du chemin des remparts du XIVe siècle sont couronnés de tours originales. Des panneaux explicatifs sont installés tout au long du parcours, tandis que le fossé permet aux habitants d'aménager des potagers.

Pratique

- **Prix de la mise en valeur du patrimoine (2023).**
- **Le marché hebdomadaire** a lieu tous les lun. matins, au Jardin de Ville.
- **Mairie :** 3, place Docteur Pierre Walter.
  ✆ 03 89 73 63 01
  www.ville-bergheim.fr

BITCHE

5 056 HABITANTS

Avec un territoire situé dans un PNR classé réserve de biosphère par l'UNESCO, Bitche place le fleurissement au cœur de la vie de la commune. Point central du village, le jardin pour la Paix offre différents espaces et aménagements paysagers sur 1 ha de verdure, non loin de la citadelle. Les jardins en Troc sont une succession de créations mêlant associations végétales et matériaux recyclés (vieille voiture, ancien camping-car...) à découvrir au fil des saisons.

© INTREEGUE PHOTOGRAPHY - SHUTTERSTOCK.COM

Bitche.

Pratique

- **Fleur d'Or (2010 et 2016).**
- Bitche se trouve dans le Parc naturel régional des Vosges du Nord.
- **Le marché hebdomadaire** a lieu le mercredi matin, sur la place Maurice Schuman. Un marché couvert se tient le samedi matin, rue Stuhl.
- **Mairie :** 31, rue Maréchal Foche ✆ 03 87 96 00 13 - www.ville-bitche.fr

CHAMERY

430 HABITANTS

Petit village viticole typiquement champenois, Chamery est entouré de vignes et de forêts. Le fleurissement est l'œuvre des bénévoles de l'association « Les Amis du Peuplier », qui choisissent les variétés de fleurs et en assurent la plantation, l'arrosage et l'entretien. Les compositions mettent également en avant l'outillage viticole du terroir local : paniers à raisins, pupitres à bouteilles, hottes...

Pratique

- **Mairie :** 7, rue de l'école ✆ 03 26 97 64 69 – www.chamery.fr

COLMAR

69 105 HABITANTS

Entre les Vosges et le Rhin, Colmar offre un cadre de vie agréable et de nombreux espaces de nature. Elle est traversée par de nombreux cours d'eau : l'Ill, rivière alsacienne la plus importante ; la Lauch, dans le centre ancien aux ruelles pavées bordées d'édifices à colombages ; et la Fecht. Colmar est également la Capitale des vins d'Alsace, avec ses 400 ha de vignes sur son territoire.

EN CŒUR DE VILLE

Le Champ-de-Mars est un véritable havre de fraîcheur en ville avec ses jets d'eau, tandis que le parc de la Montagne verte est l'endroit idéal pour observer une collection de plantes vivaces.

MONUMENTS DE VERDURE

Le parc du Château d'Eau doit son nom à l'imposant édifice de style néo-médiéval qui siégeait autrefois à cet endroit. On y trouve de nombreux arbres figurant parmi les plus anciens de Colmar, ainsi qu'une roseraie composée de 990 plants répartis en 38 variétés. Situé dans l'ancien centre religieux de la congrégation des Jésuites, le parc Saint-François-Xavier est un espace de verdure de 9 980 m^2. Il abrite notamment un hêtre pleureur, un cyprès chauve, un ginkgo biloba et un séquoia gigantea. Au centre du parc, s'élève une pittoresque petite maison alsacienne.

LE RIED COLMARIEN

Ancré dans la plaine d'Alsace, ce Ried est un important réservoir de biodiversité au nombreux cours d'eau. On y observe une faune rare (truite, ombre, chabot, crevette d'eau douce, écrevisse à pattes blanches), ainsi qu'une flore exceptionnelle faite d'espèces nordiques ou alpines (argousiers, raiponces bleues, linaigrettes), des grandes vallées fluviales euro-sibériennes (véroniques à longues feuilles, gesses des marais, l'euphorbe des marais), ou encore du sud-est de l'Europe (glaïeuls des marais, iris de Sibérie, glaïeuls palustres).

Pratique

- **Fleur d'Or (2021).**
- **Les marchés :** les mer. matins, quartier Europe ; jeu. matins et sam. après-midis, quartier Centre ; sam. matins, quartier Saint-Joseph.
- **Hôtel de ville :** 1, place de la Mairie. ✆ 03 89 20 68 68 – www.colmar.fr

© FOTTOO - STOCK.ADOBE.COM

Quai de la Poissonnerie à Colmar.

COLOMBÉ-LE-SEC

155 HABITANTS

Colombé-le-Sec, situé sur un plateau calcaire au milieu des vignobles de Pinot Noir et Chardonnay, est un village viticole typique de la Côte des Bar. Son patrimoine historique se distingue par le Cellier aux Moines, édifié au XIIe siècle par les moines de l'abbaye de Clairvaux, où furent élaborés les premiers vins de la région. La commune met en valeur son architecture grâce à un fleurissement audacieux omniprésent.

Pratique

- **Mairie :** 7, place de la Mairie ✆ 03 25 27 11 34

DAMBACH-LA-VILLE

NOUVEAU 2024

2 230 HABITANTS

Au pied des Vosges, Dambach-la-Ville est un village typiquement alsacien comme en témoignent les fenêtres et jardins joliment agrémentés de fleurs roses, rouges et blanches aux couleurs locales. Sur la Route des vins d'Alsace, cette ancienne cité médiévale, avec ses trois portes et remparts, est un point d'intérêt incontournable. Au cœur de la forêt domaniale, on découvrira notamment le château du Bernstein et ses 4 carrés médiévaux : le carré de Marie, des plantes aromatiques, des plantes magiques, et le potager.

Pratique

- **Le marché hebdomadaire** a lieu tous les mer. matins, place du Marché.
- **Mairie :** 11, place du Marché. ✆ 03 88 92 41 05 www.dambach-la-ville.fr

DIEFFENBACH-LÈS-WŒRTH

350 HABITANTS

Au cœur du Parc naturel régional des Vosges du Nord, Dieffenbach-lès-Wœrth est connue à l'international pour être le lieu du premier logging électrique. Vous pourrez apercevoir de célèbres Gaulois dans les massifs de la ville : 140 personnages d'Astérix et Obélix sont ainsi à découvrir via un circuit ludique qui permet d'admirer le fleurissement participatif de la commune.

Pratique

- **Mairie :** 25, rue principale ✆ 03 88 09 32 72 – www.dieffenbachleswoerth.fr

DRUSENHEIM

5 300 HABITANTS

En bordure de Rhin, Drusenheim aurait été fondée par le général romain Claudius Drusus. La commune dispose d'un patrimoine naturel particulièrement riche : cours d'eau, étangs, zones humides, ou encore la forêt rhénane classée au biotope qui permettent la création d'une trame verte et bleue. Son fleurissement est moderne et fait intervenir une belle palette de végétaux, de couleurs et de tailles différentes pour un rendu des plus raffinés.

LES JARDINS DE L'ALTWASSER

Dans ce parc, un milieu humide (de altwasser qui signifie littéralement « eau ancienne ») a été recréé avec un plan d'eau et une roselière. Plusieurs jardins y sont ainsi rassemblés : le jardin des origines, celui des grandes feuilles, celui des sous-bois, le verger des arbres disparus…

LA FORÊT DU RHIN

Classée en « forêt de protection des forêts rhénanes », elle offre plusieurs sentiers de randonnée et un parcours sportif.

Pratique

- **Fleur d'Or (2022).**
- **Le marché hebdomadaire** a lieu tous les ven. après-midi, place du gymnase.
- **Mairie :** 67, rue du Général de Gaulle.
✆ 03 88 06 74 10 – www.drusenheim.fr

EGUISHEIM

1 772 HABITANTS

Eguisheim est une petite cité médiévale qui possède un ensemble unique d'architecture civile et militaire du XVe siècle. La ville s'est construite autour de l'ancien château fort et l'ancien chemin de ronde, devenu chemin de remparts, offrant une jolie balade. Les maisons à colombages typiques sont joliment fleuries, du balcon au jardin, de pélargoniums et autres géraniums représentatifs de l'Alsace.

© BORIS STROUJKO - STOCK.ADOBE.COM

Eguisheim.

Pratique

- **Le marché hebdomadaire** a lieu tous les mar. après-midi, au parc du Millénaire.
- **Mairie :** 21, Grand'Rue.
✆ 03 89 41 21 78
www.ville-eguisheim.fr

ÉPINAL

33 682
HABITANTS

Traversée par la Moselle, Épinal bénéficie d'un cadre naturel exceptionnel entre lacs, pistes des Hautes Vosges et grandes villes thermales. C'est également l'une des villes les plus boisées de France, entourée de forêts de résineux et de hêtres qui abritent une faune remarquable à découvrir grâce à de nombreux circuits de randonnée.

DES ESPACES SOIGNÉS

Le parc du Cours s'étend sur 3,80 ha le long de la rive droite de la Moselle. De style anglais, on y trouve une grande variété d'arbres, ainsi que de beaux massifs floraux et mosaïques.
Quant au parc du Château, il permet de découvrir les ruines du château, un jardin médiéval, des vergers en terrasse, des vignes, ainsi qu'un parc animalier abritant 43 espèces d'animaux.

LA ROSERAIE DE LA MAISON ROMAINE

Cette magnifique reproduction d'une maison de Pompéi est entourée d'une belle roseraie de plus de 3 000 m² où l'on observe plus de 550 espèces différentes – soit plus de 6 000 rosiers !

Pratique

- **Le marché hebdomadaire** a lieu tous les mer. et sam. matins, place Georgin.
- **Hôtel de ville :** 9, rue du Général Leclerc.
✆ 03 29 68 50 00
www.ville-epinal.fr

© DOMINIQUE - STOCK.ADOBE.COM

Parc du Cours à Épinal.

ÉPERNAY

22 671 HABITANTS

Épicentre d'une région viticole, l'histoire d'Épernay est étroitement liée à celle du Champagne dont la première maison fut fondée dans la ville en 1730. On y trouve également plusieurs hôtels particuliers et édifices protégés aux Monuments Historiques, ainsi que plusieurs parcs remarquables tels que celui de l'Hôtel de Ville avec grotte artificielle, cascade, île et temple de l'Amour et le jardin de la Société d'Horticulture et de Viticulture avec son Fau de Verzy.

©STOCKNSHARES - ISTOCKPHOTO.COM

Avenue de Champagne à Épernay.

Pratique

- **Les marchés :** les mer. et sam. matins, Halle Saint-Thibault ; et dim. matins, Place Auban-Moët.

- **Hôtel de ville :** 7 bis, avenue de Champagne. ✆ 03 26 53 37 00 www.epernay.fr

GÉLAUCOURT

70 HABITANTS

Tout petit village-jardin de 70 habitants, Gélaucourt offre un fleurissement innovant et créatif grâce à l'œuvre de bénévoles passionnés. Entouré d'une campagne vallonnée et verdoyante, le paysage s'ouvre sur des arbres imposants et fruitiers. On y découvre également des compositions mettant en scène des arbustes, vivaces, annuelles mais aussi des légumes, dont bon nombre de cucurbitacées colorées aux formes surprenantes.

Pratique

- **Fleur d'Or (2010).**

- **Mairie :** 3, rue Saint Florentin. ✆ 03 83 25 13 11

HAUSSIGNÉMONT

303 HABITANTS

Dans le petit village d'Haussignémont, l'eau est omniprésente entre lacs, étangs, marécages et ruisseaux. La végétalisation de la commune s'est faite petit à petit grâce à la mobilisation de bénévoles. Plus de 90 massifs et compositions de plantes et arbustes ont ainsi été créés par la municipalité pour fleurir le territoire, tandis qu'une centaine d'arbres ont été plantés (acacias, sorbiers, chênes, pommiers à fleurs, liquidambar, tulipiers).

Pratique

- **Mairie :** 1 ter, rue Jean Moulin ✆ 03 26 73 77 10

HAUSSIMONT

144 HABITANTS

Au cœur des plaines de Champagne, Haussimont est un petit village agricole où la végétation est omniprésente dans cette oasis de verdure. Arbres d'alignement, arbustes, vivaces et graminées offrent ainsi un fleurissement en toutes saisons et une palette végétale diversifiée. Différentes balades invitent également à la découverte de la faune et de la flore locales.

DES JARDINS À THÈME

Le jardin de la Vie dispose de panneaux sur l'évolution de la vie et de l'univers, ainsi que de bornes pédagogiques sur la faune et la flore locales.

Le jardin Sensoriel, labellisé « Tourisme et Handicap », est quant à lui composé de plusieurs chambres végétales, dédiées chacune à l'un des 5 sens : l'ouïe avec le bruissement des feuilles et le murmure de l'eau ; le toucher avec les écorces subéreuses ou lisses, et les feuilles duveteuses ou rugueuses ; le goût avec le verger de petits fruits rouges ; la vue avec la palette de couleurs des rosiers, cornouillers et autres arbustes ; et l'odorat avec des plantes aux senteurs douces et fruitées.

Grâce à son chemin en bois sur pilotis, le jardin humide du Calvaire offre une balade bucolique à la découverte de la Sous et de sa roselière sauvage.

D'inspiration médiévale, le jardin des plantes textiles et tinctoriales se découvre dans l'enceinte de l'église Saint Gengoulf et offre 9 carrés plantés d'essences du XIXe siècle qui permettaient autrefois d'élaborer différentes teintures, et de confectionner des étoffes. Enfin, le jardin sec porte bien son nom puisque les végétaux choisis ne nécessitent aucun apport en eau (oreille d'ours ou sauge aromatique). Le paillage des massifs se fait à partir de matériaux locaux, tels que la chamotte, une brique locale.

LE BOIS PÉDAGOGIQUE

Aménagé en partenariat avec la Ligue de Protection des Oiseaux et l'Office National des Forêts, il est possible d'observer la faune sauvage depuis l'observatoire. Sur 15 ha, on y découvre également deux mares, des ruches, des nichoirs, des mangeoires et hôtels à insectes.

LA PLACE FONTAINE ROUGE

Cette place, qui tient son nom d'une ancienne source ferrugineuse, offre de magnifiques parterres de fleurs, des tilleuls en marquise ou encore un petit verger en arrière-plan.

Pratique

- **Fleur d'Or (2019).**
- **Mairie :** 16, rue Saint-Gengoulf.
✆ 03 26 67 46 69
www.haussimont.com

HIRSINGUE

2 170 HABITANTS

Situé à l'intersection de l'Ill et du Feldbach, Hirsingue est un petit village entouré de forêts, de prairies et de champs cultivés. La commune se trouve notamment sur la Route de la carpe frite, spécialité culinaire locale, ainsi que sur le tracé de l'Euro-Vélo 6 qui relie l'Atlantique à la mer Noire. Le fleurissement du village suit une trame verte pérenne et offre également une belle trame arbustive.

Pratique

- **Mairie :** 1, place de la Mairie ✆ 03 89 40 50 13 – www.hirsingue.fr

GUEBWILLER

Fleur d'or
Villes et Villages Fleuris
2024

Nichée dans la vallée de Florival, la « vallée des fleurs », Guebwiller est une ancienne cité médiévale qui s'est développée autour de l'industrie textile. La commune bénéficie d'un important patrimoine végétal et arboré, avec notamment un séquoia géant d'une circonférence de plus de 12 m. De beaux massifs floraux sont également installés sur les principaux axes et le mur du cimetière est fleuri de vigne vierge et de géraniums.

PLACE AUX ARBRES

Classé Jardin remarquable, le paisible parc de la Marseillaise arbore fièrement deux arbres remarquables : un cèdre du Liban et un séquoia géant.
Le parc du château de la Neuenbourg se découvre en se baladant entre ses allées géométriques et ses parterres de fleurs et de buis. Aménagé à l'anglaise, l'ambiance y est des plus poétiques.
On y trouve également plusieurs arbres remarquables : 4 cèdres de l'Atlas, 2 séquoias géants, 1 cyprès chauve, 1 pin jaune, 1 pin noir d'Autriche, et 1 épicéa de l'Himalaya.

La promenade Déroulède, sur les hauteurs sud-ouest de la ville, est entièrement boisée et propice à la détente. On y admire notamment quelques magnifiques chênes rouges d'Amérique.

Pratique

- **Prix de la valorisation du patrimoine industriel (2021).**
- **Le marché hebdomadaire** a lieu tous les mar. et ven. matins, place de l'Hôtel de Ville.
- **Mairie :** 73, rue de la République.
✆ 03 89 76 80 61
www.ville-guebwiller.fr

11 319
HABITANTS

© CHRISTOPHE BELLANGER - STOCK.ADOBE.COM

Église Saint-Léger à Guebwiller.

HIRTZBACH

1 484 HABITANTS

Au centre de la région naturelle du Sundgau, Hirtzbach est un petit village alsacien typique aux maisons à colombages colorées. Sa trame paysagère est mise en avant, entre vergers ceinturant le village, massif forestier, ou encore le ruisseau joliment fleuri qui donne son nom au bourg. Parcours ludiques, sentiers pédestres et visites guidées permettent également de découvrir le territoire.

Pratique

- **Prix de la valorisation touristique du label (2017).**
- **Le marché hebdomadaire** a lieu tous les mar. matins, rue Principale.
- **Mairie :**
1B, rue du Château.
✆ 03 89 40 99 21
www.hirtzbach.fr

HOHWILLER

380 HABITANTS

Adossé à une colline entre le Rhin et les Vosges, le village d'Hohwiller illustre parfaitement le charme rural alsacien. Il dispose d'un patrimoine remarquable, avec son église simultanée Saint-Jean-Baptiste du XVᵉ siècle classée aux Monuments Historiques et faisant partie des rares lieux à servir à la fois les cultes protestant et catholique. Le fleurissement printanier de la commune, en plus de sublimer les colombages de maisons pouvant dater du XVIIIᵉ siècle, se fait dans une démarche écoresponsable.

Pratique

- **Le marché hebdomadaire** a lieu tous les ven. après-midi, place du Général de Gaulle à Soultz-sous-Forêts.
- **Mairie :**
21, rue Principale
✆ 03 88 80 40 42
www.soultzsousforets.fr

HOLTZHEIM

3 656 HABITANTS

Traversé par la Bruche d'est en ouest, Holtzheim est un village rural typiquement alsacien. On y découvre un patrimoine naturel riche et très bien préservé : La Gravière du Fort, reconvertie en site de plongée subaquatique ; mini-forêt urbaine plantée selon la méthode Miyawaki ; mare de reproduction pour les crapauds verts et calamites ; berges végétalisées propices à la promenade…

Pratique

- **Prix national de la démarche citoyenne (2019).**
- **Le marché hebdomadaire** a lieu tous les sam. matins, place du Lieutenant Lespagnol.
- **Mairie :**
1, place de la Mairie.
✆ 03 88 78 05 84
www.holtzheim.fr

HUNINGUE

Au sein de l'agglomération trinationale de Bâle et à proximité de la Suisse et de l'Allemagne, Huningue est une ancienne possession des Habsbourg. En 1679, Louis XIV y fera édifier une forteresse par Vauban, marquant ainsi l'histoire de la ville. Huningue est également une ville verte qui cherche à renaturer son espace urbain – comme en témoigne le jardin des Fontaines, véritable îlot de fraîcheur en ville.

ET SI VAUBAN AVAIT ÉTÉ JARDINIER ?

Depuis la place Abbatucci, un circuit pédestre permet de partir à la découverte des nombreux jardins de la ville, sur les pas de Vauban et de sa passion pour le jardinage. On traverse ainsi le jardin du Musée et ses parterres symétriques ; la pépinière du Roi sur les berges du Rhin ; les jardins des Oiseaux, des Fontaines ou des Vivaces ; le jardin Mellifère et sa prairie fleurie ; ou encore le parc des Eaux Vives qui propose une multitude de sports nautiques dans un écrin de verdure propice aux promenades.

Pratique

- **Prix de la valorisation paysagère (2021).**
- **Le marché hebdomadaire** a lieu tous les ven. matins, place Abbatucci.
- **Mairie :** 2, rue de Saint-Louis.
✆ 03 89 69 59 55
www.ville-huningue.fr

7 349
HABITANTS

© P.BOGNER

Le château d'eau d'Huningue.

ILLKIRCH-GRAFFENSTADEN

27 087 HABITANTS

Joyau de de l'Eurométropole de Strasbourg, Illkirch-Graffenstaden a su mettre l'embellissement du cadre de vie de ses habitants au centre de sa politique d'aménagement du territoire. Avec près d'une douzaine de parcs, la ville est avant tout une terre d'arbres et met en avant ses essences remarquables. On y découvre ainsi un patrimoine arboré naturel très riche : les ripisylves de l'Ill, les abords des gravières, ou encore la réserve naturelle nationale Illkirch-Neuhof.

Pratique

- **Prix de la reconquête écologique du cadre urbain (2021).**
- **Le marché hebdomadaire** a lieu tous les mer. et sam. matins au Forum de l'Ill et cours de l'Illiade.
- **Hôtel de ville :** 181, route de Lyon. ✆ 03 88 66 80 00 www.illkirch.eu

ITTERSWILLER

237 HABITANTS

Niché au sommet d'une colline piémontaise sur la Route du Vin, Itterswiller, petit village alsacien, est le berceau du « Fruehmess », vin élégant et fruité. Le fleurissement de la commune reste traditionnel, avec des pélargoniums et des surfinias qui égaient les jolies maisons à colombages. Les couleurs des compositions s'accordent parfaitement avec le vert de la vigne que l'on retrouve sur sept pergolas en travers de la route.

Pratique

- **Mairie :** 65, route des Vins ✆ 03 88 85 50 12

MARCKOLSHEIM

4 226 HABITANTS

Au cœur du Bas-Rhin, Marckolsheim est une ville verte qui s'engage à protéger la biodiversité locale et améliorer le cadre de vie de ses habitants. On y découvre notamment une grande diversité d'espaces verts, de paysages et de sites naturels comme la forêt rhénane, l'île du Rhin ou la Digue des Hautes Eaux. Le grand chêne du Mauchen est l'une des curiosités botaniques de la commune, avec ses 5 m de circonférence et ses 350 ans.

Pratique

- **Le marché hebdomadaire** a lieu tous les jeu. après-midis, en face de la Mairie.
- **Mairie :** 26, rue du Maréchal Foch. ✆ 03 88 58 62 20 www.marckolsheim.fr

LUNÉVILLE

18 287 HABITANTS

Entre ville et campagne, Lunéville est renommée pour ses broderies, ses faïences et sa tradition militaire. Nichée dans un écrin de verdure, elle est bordée par 3 forêts (communale, Mondon, Vitrimont) et se trouve également au confluent de la Vezouze et de la Meurthe. On recense une faune remarquable sur son territoire, dont des espèces rares d'oiseaux telles que la cigogne noire, le faucon pèlerin, le gobemouche à collier, le pic ou le grimpereau des bois.

LE JARDIN DE L'ABBÉ

Dédié à la culture, ce jardin de curé permet de mettre en valeur le potager du XVIIIe siècle : légumes simples, plantes aromatiques et décorations forment un théâtre vert où se mêlent expositions d'art contemporain et concerts classiques.

LE PARC DU CHÂTEAU

Le parc se compose de deux éléments : les jardins à la française et le parc des Bosquets. Les jardins à la française forment un ensemble de plusieurs parterres géométriques rassemblés autour d'une longue allée centrale bordée de pelouses et de fleurs qui s'ordonnent régulièrement autour de bassins. Depuis 2003, les jardiniers ont pu redonner aux jardins une partie des broderies réalisées sous les ducs de Lorraine.

Pratique

- **Le marché hebdomadaire** a lieu tous les mar. jeu. et sam. matins, place Léopold.
- **Mairie :** 2, place Saint Rémy. ✆ 03 83 76 23 00 www.luneville.fr

© SINA ETTMER - STOCK.ADOBE.COM

Parc du château à Lunéville.

MASEVAUX-NIEDERBRUCK

3 759
HABITANTS

Blottie dans la vallée du Doller, Masevaux-Niederbruck est reconnue pour son cadre vert et son environnement naturel remarquable. Entre lacs de montagne, torrents et rivière, la commune offre un patrimoine végétal riche et important (comme le plus gros frêne répertorié dans le département), à découvrir grâce à l'un des nombreux sentiers de randonnée.

DES PAYSAGES VERDOYANTS

Perché sur les hauteurs du village, le verger conservatoire du Grambaechle s'étend sur 6 ha dans un site naturel préservé. Parmi la centaine d'arbres fruitiers, on trouve des pommiers, pruniers et cerisiers entretenus par la pâture de moutons.
Le Boulevard du chemin de fer, est une véritable coulée verte au cœur de la ville. On y trouve arbres, arbustes, pelouses fleuries, massifs et aires de jeux pour le plus grand plaisir des promeneurs.
Au bord de la Doller, le parc de la Tourelle des Pêcheurs est resté à l'état naturel. On y accède par une passerelle en bois et on y découvre notamment deux arbres remarquables bicentenaires, un platane et un Tulipier de Virginie.

© GERRY BISHOP - SHUTTERSTOCK.COM

Tulipier de Virginie.

Pratique

- **Le marché hebdomadaire** a lieu tous les mer. matins, en centre-ville.
- **Mairie :** 5, rue Maréchal de Lattre de Tassigny ✆ 03 89 82 40 14 www.masevaux.fr

MATTSTALL

170
HABITANTS

Nichée dans le Parc naturel régional des Vosges du Nord, Mattstall est la plus petite commune d'Alsace labellisée « 4 fleurs » avec seulement 170 habitants. Le village est également réputé pour son fleurissement atypique qui associe espèces horticoles (pélargoniums, surfinias) à des fleurs des champs (framboisiers sauvages, églantines). Les espaces sont entretenus selon une gestion bio responsable : désherbage manuel, fauche tardive, choix de plantes peu gourmandes…

Pratique

- **Prix de la préservation de l'environnement (2024).**
- Mattstall est associé à la commune de Lembach depuis 1972.
- **Mairie :** 11, rue principale. ✆ 03 88 94 42 84 - www.lembach.fr

METZ

121 659 HABITANTS

Incontournable en Lorraine, Metz offre une grande diversité architecturale, médiévale et germanique. Ville-jardin traversée par la Seille et la Moselle, c'est également une ville très nature puisqu'elle compte près de 580 ha d'espaces verts. Pionnière en matière d'écologie urbaine, les aménagements menés depuis 30 ans (jardin Boufflers, square Giraud ou encore le jardin Jean-Marie-Pelt) ont permis de préserver et d'embellir le territoire.

© PEKKALINNA - STOCK.ADOBE.COM

Pont Saint-Marcel à Metz.

L'ESPLANADE

Ce jardin à la française, aménagé sur les derniers vestiges et fossés de la Citadelle, offre une vue magnifique sur le mont Saint Quentin. La nouvelle place de la République, inaugurée en 2010, est conçue comme sa continuité, en version moderne.

DES JARDINS À THÈMES

Le Jardin des 5 sens permet de découvrir arbres fruitiers, rosiers et autres plantes aromatiques, ainsi qu'un potager, un petit bois et même une petite clairière.
Le Jardin éphémère s'installe tous les ans sur la place de la Comédie, de juin à octobre, afin d'offrir un véritable tour du monde végétal.
Quant au Jardin botanique, celui-ci fait partie du réseau « Jardins sans Limites » depuis 2010. Il abrite notamment des arbres rares, dont certains très anciens : sophora japonica, cyprès chauve, ginkgo biloba…

Pratique

- **Les marchés** : les mer. matins, place St Livier ; mar. et ven. matins, place Auguste Foselle ; mer. et ven. matins, avenue de Nancy ; jeu. matins, square Mangin ; marché central, les sam. matins ; et dim. matins, place Philippe de Vigneulles.
- **Mairie** : 1, place d'Armes.
✆ 08 00 89 18 91
www.mairie-metz.fr

MONTIGNY-LÈS-METZ

22 143 HABITANTS

Bordée par la Moselle, Montigny-lès-Metz est toute proche de sa grande sœur qu'elle jouxte par le Jardin botanique. On y trouve également plusieurs jardins à thèmes : des Mariés, des Oiseaux, des Générations, des Découvertes, ou encore le verger partagé. Nouvel aménagement, la Forêt Nourricière regroupe plusieurs espèces végétales dont certaines comestibles, afin d'accentuer la présence de la nature en ville.

© GALDRIC - STOCK.ADOBE.COM

Jardin botanique de Montigny-lès-Metz.

Pratique

- **Prix de la valorisation touristique du label (2019).**
- **Fleur d'Or (2022).**
- **Le marché hebdomadaire** a lieu tous les ven. matins, place Jeanne d'Arc.
- **Mairie :** 160, rue de Pont à Mousson. ✆ 03 87 55 74 74 www.montigny-les-metz.fr

MOURMELON-LE-GRAND

5 135 HABITANTS

Située entre Reims et Châlons-en-Champagne, Mourmelon-le-Grand est connue par son camp militaire créé par Napoléon III. Les différents espaces verts de la commune sont dédiés à la détente et à la promenade : le square du Pont du Berger et son verger partagé en libre cueillette ; le Bois des Sœurs, traversé par les bras du Cheneu ; le square Jean Jaurès avec pergola et grand saule…

Pratique

- **Le marché hebdomadaire** a lieu tous les jeu. matins, place Georges Clemenceau.
- **Mairie :** 4, rue du Maréchal Joffre. ✆ 03 26 66 10 44 www.mourmelonlegrand.fr

MULHOUSE

109 443
HABITANTS

Baignée par les eaux de l'Ill et de la Doller, Mulhouse est bordée de forêts et parsemée d'espaces verts d'une grande diversité, dont deux Jardins remarquables. Cette ville d'art et d'histoire a su placer la nature au cœur de ses aménagements afin d'offrir un cadre de vie privilégié à ses habitants.

LA NATURE EN VILLE

Avec ses grandes pelouses et ses trésors botaniques, le square Steinbach est un véritable havre de verdure en centre-ville. On y découvre 63 essences différentes et une centaine de variétés de vivaces.
Le square Edmond Cahen, imaginé autour du thème d'Alice au pays des merveilles, offre de vastes étendues de gazon et ses tables de pique-nique – l'endroit idéal pour un moment au calme.

LE PARC SALVATOR

De style romantique, il est notamment connu pour son bassin traversé d'un petit pont et son auditorium en forme de coquille. Il abrite la plus grande variété d'essences d'arbres : Tulipier de Virginie, Sophora du Japon, Libocèdre de Californie…

LE PARC ZOOLOGIQUE ET BOTANIQUE

On y découvre 166 espèces d'animaux dans un ensemble paysager remarquable. De style romantique, il renferme des collections végétales exceptionnelles, différents jardins thématiques, et une vingtaine d'arbres remarquables : le Pin noir d'Autriche avec sa forme particulière de lyre ; ou encore l'Épicéa bicolore du Japon, planté à Mulhouse en 1867, l'un des premiers introduits en Europe.

UN JARDIN HARMONIEUX

Le parc Wallach offre une roseraie de plus de 100 variétés, un petit labyrinthe, ainsi qu'un tapis vert. Le tout est relié par des allées régulières et des escaliers, tandis des statues et végétaux sculptés soulignent les perspectives de ce jardin aux proportions équilibrées.

Pratique

- **Les marchés :** les mar. matins, place Vauban ; mer. matins, rues d'Auvergne et de la Provence ; et sam. matins, place de la Paix.
- **Hôtel de ville :** 2, rue Pierre et Marie Curie. ✆ 03 89 32 58 58 www.mulhouse.fr

© ANDREAL - STOCK.ADOBE.COM

Parc zoologique et botanique de Mulhouse.

NANCY

104 885
HABITANTS

Capitale des Ducs de Lorraine, Nancy offre une grande diversité botanique. Les nombreux sites patrimoniaux de cette ville culturelle et historique sont mis en valeur par des aménagements paysagers et floraux de qualité, tels que la place Stanislas – l'une des plus belles du monde. De quoi découvrir une riche diversité de plantes et d'ambiances !

LE JARDIN BOTANIQUE DU MONTET

Avec plus de 12 000 espèces en culture, le Jardin botanique de Nancy est l'un des plus importants de France. C'est un véritable musée des plantes qui témoigne de l'extraordinaire richesse du monde végétal.

LE JARDIN DOMINIQUE ALEXANDRE GODRON

Fondé par Stanislas en 1758, c'est le premier jardin botanique de Nancy. Sa vocation botanique subsiste jusqu'en 1993, année durant laquelle les collections sont déplacées. Maintenant, on y découvre les collections horticoles destinées à l'ornement floral des jardins.

LE PARC DE LA PÉPINIÈRE

C'est le plus important des parcs nancéiens, avec 23 ha de nature arborée en plein cœur historique de la ville.

Pratique

- **Prix de la mise en valeur du patrimoine (2016).**
- **Fleur d'Or (2019).**
- **Prix du jardin éphémère (2022).**
- **Le marché hebdomadaire** a lieu tous les dim. matins, rue Jacquot.
- **Hôtel de ville :** Place Stanislas.
✆ 03 83 85 30 00 - www.nancy.fr

© OLRAT - STOCK.ADOBE.COM

Place Stanislas de Nancy.

NEUVILLE-SUR-SEINE

442 HABITANTS

Situé au creux de la vallée de la Seine et bordé de coteaux, Neuville-sur-Seine est un charmant petit village traversé par la route touristique de Champagne. Son histoire est intimement liée à la vigne, comme le rappelle la statue de Notre-Dame-des-Vignes qui tient une grappe de raisin et implore le ciel. Le fleurissement de la ville, auquel participent également les habitants, se compose notamment de roses d'Inde, cosmos, zinnias, cléomes, lavatères, et autres rudbeckias.

Pratique

- **Mairie :** Place de la Mairie ✆ 03 25 38 23 91

NOGENT-SUR-SEINE

NOUVEAU 2024

6 060 HABITANTS

Dans l'Aube, Nogent-sur-Seine est une ville historique qui s'est développée sur la rive gauche du fleuve qui lui donne son nom, offrant ainsi toute une palette de paysages différents. La ville attira de nombreuses figures historiques (Napoléon, Henri IV) et artistiques, comme en témoignent les maisons de Gustave Flaubert et Camille Claudel.

© JEAN-PAUL BOUNINE - STOCK.ADOBE.COM

Le moulin de Nogent-sur-Seine depuis le pont Saint-Nicolas.

LA SEINE AU CŒUR DU PAYSAGE

La Seine marque le territoire de la ville et se découvre grâce au chemin de halage qui la longe. Plusieurs ponts enjambent le fleuve et mènent notamment aux emblématiques Moulins Sassot. La promenade se poursuit en empruntant l'une des deux passerelles menant à l'île Olive. Créée par le creusement du canal et les écluses, elle est entièrement boisée et offre une atmosphère bucolique des plus appréciables.

Entre la halte fluviale et le bateau-lavoir, le théâtre de verdure permet de découvrir un verger conservatoire ainsi qu'un espace de spectacles de plein air.

Pratique

- **Marchés :** tous les mer. et sam. matins, dans les Halles.
- **Mairie :**
27, Grande Rue Saint-Laurent.
✆ 03 25 39 94 66 - www.nogentsurseine.fr

OGER

570 HABITANTS

Au sein de la Côte des Blancs, Oger est un charmant village à flanc de coteaux et ceinturé de vignes notamment réputé pour ses champagnes grands crus. Des balades sont proposées pour découvrir le territoire sur des thèmes différents : l'histoire d'Oger, le champagne et les fleurs. Entre coteaux viticoles, vue panoramique, lavoirs anciens, fontaines fleuries, rivières, canal et forêt domaniale, on y trouve de beaux paysages.

Pratique

- **Fleur d'Or (2008).**
- **Depuis 2018, Oger a fusionné avec Gionges, Vertus et Voipreux** pour former la commune nouvelle de Blancs-Coteaux.
- **Le marché hebdomadaire** a lieu tous les mar. matins, boulevard Paul Goerg.
- **Mairie :** Place de la Mairie.
✆ 03 26 57 54 31
www.blancs-coteaux.fr

RIBEAUVILLÉ

4 841 HABITANTS

Au cœur du Parc naturel régional du Ballon des Vosges, Ribeauvillé est une cité historique d'Alsace centrale. On y découvre notamment 4 châteaux, ainsi que le trésor des Hanaps. Elle offre également un patrimoine arboré d'une grande diversité : arbres remarquables, forêt vosgienne, pinèdes et chênaie. Le jardin de la ville est une jolie vitrine du fleurissement local, avec ses massifs plantés en losanges, son kiosque et son magnolia de 70 ans.

Pratique

- **Les marchés :** les mar. matins, place de la Mairie ; et sam. matins, place du Marché.
- **Hôtel de ville :**
2, place de l'Hôtel de Ville.
✆ 03 89 73 20 00
www.ribeauville.fr

RILLY-LA-MONTAGNE

1 020 HABITANTS

Au pied du Mont Joli, Rilly-la-Montagne offre un magnifique panorama sur l'un des points culminants du Parc naturel régional de la Montagne de Reims. Le massif forestier regorge d'arbres magnifiques : chênes, érables, sycomores, merisiers, frênes, pins sylvestres et noirs, épicéas… Le patrimoine viticole, naturel et architectural du territoire se découvre notamment grâce aux différents chemins de randonnée : balade fleurie, balade romantique, chemin des 5 seigneurs…

Pratique

- **Mairie :** 2, place de la République ✆ 03 26 03 40 10 – www.rilly-la-montagne.fr

REIMS

179 380 HABITANTS

Capitale historique de la Champagne, Reims est une ville ancienne marquée par l'histoire. Mondialement connue pour sa cathédrale et ses caves de champagne, c'est également une cité verte qui intègre la nature en ville et offre un riche patrimoine naturel. On y découvre ainsi de nombreux jardins le long de la Vesle ou dans les quartiers : familiaux, pédagogiques, d'insertion, intergénérationnel…

AU FIL DE L'EAU

Entre la Vesle et le canal, le parc des anciens des Trois Rivières est un espace de promenade où l'on déambule sur des passerelles piétonnes avec vue sur l'eau. Les berges du canal s'offrent également aux piétons et cyclistes sur l'ancien chemin de halage, tandis que les berges sont plantées de rosiers.
Le parc des Grenouilles Vertes a été aménagé sur l'ancienne propriété d'Achille Laviarde, 2e roi d'Araucanie et de Patagonie. Quant au parc de la Roseraie, il dispose d'un joli ponton surplombant la Vesle.
Enfin, l'arboretum du Val de Vesle abrite des essences de collection, dont des chênes verts, un oranger des Osages, et de nombreux buis.

LES PROMENADES JEAN-LOUIS SCHNEITER

Basses et hautes, ces deux promenades offrent de belles perspectives ainsi que plusieurs équipements : fontaines, passerelle géante en cordage dans les arbres… Entre ces deux espaces, le square Colbert offre plusieurs arbres remarquables, ainsi qu'une collection de vivaces.

LE PARC DE LA PATTE-D'OIE

Voilà un jardin moderne qui met l'eau au centre de ses espaces : plan d'eau, rivières, jets d'eau, cascades en font un lieu de promenade idéal.

DES SITES REMARQUABLES

Plusieurs espaces verts ont également été aménagés sur des sites remarquables : le square Charles Sarrazin à l'emplacement de la maison natale de l'abbé Pluche ; les squares des Cordeliers et des Jacobins sur les ruines des anciens couvents du même nom, ou encore le square des Capucins sur l'ancienne abbaye.

Pratique

- **Prix de la stratégie d'aménagement paysager (2023).**
- **Les marchés :** mar. matins, Jean Moulin et place Museux ; mar. matins, Châtillons et Boulingrin ; jeu. matins, Carteret et Luton ; ven. matins, Wilson ; sam. matins, Croix-Rouge ; et dim. matins, Jean Jaurès et Saint-Anne.
- **Hôtel de ville :** Place de l'Hôtel de Ville. ✆ 03 26 77 78 79 www.reims.fr

© ROBERTDERING - STOCK.ADOBE.COM

Cathédrale de Reims.

ROLLAINVILLE

319 HABITANTS

Au bord de la forêt de Neufeys, Rollainville est un petit village lorrain à découvrir dans un vallon drainé par la Frézelle. La superbe pelouse calcaire méridionale offre un magnifique panorama sur la commune : cet espace naturel de 18 ha abrite des espèces animales et végétales rares ou protégées, telles que de magnifiques orchidées sauvages. Curiosité du bourg : le pont-gué empierré de la fin du XVIIIe siècle qui enjambe le ruisseau.

Pratique

- **Prix de la démarche citoyenne (2023).**
- **Mairie :** 23, rue de la Cure.
✆ 03 29 06 16 82

ROMBAS

9 778 HABITANTS

Chef-lieu du canton de la vallée de l'Orne, Rombas est une cité très ancienne autrefois tournée vers la culture de la vigne. Entourée par les côtes de Drince et de Choque, elle dispose d'une forêt communale (hêtres, érables sycomores et planes, frênes, tilleuls à grandes feuilles) à découvrir grâce à 2 parcours pédagogiques : un sentier ornithologique et un parcours de grande randonnée. Une voie verte de 23 km permet également de suivre les rives du cours d'eau.

Pratique

- **Le marché hebdomadaire** a lieu tous les jeu. matins, place de l'Hôtel de Ville.
- **Hôtel de ville :**
Place de l'Hôtel de Ville.
✆ 03 87 67 92 20
www.rombas.com

SAINT-BRICE-COURCELLES

3 522 HABITANTS

Au cœur de l'agglomération rémoise, Saint-Brice-Courcelles est un joli village de tradition maraîchère. Bordée par deux cours d'eau que sont la Vesle et le canal de l'Aisne à la Marne, la commune dispose d'un patrimoine architectural et naturel particulièrement riche : le parc du château de Courcelles et ses espaces boisés ; les bords de Vesle et leurs haies tressées en osier propices à la promenade ; le parc du Moulin de l'Archevêque où admirer une ancienne turbine…

Pratique

- **Mairie :** 1, place Roosevelt ✆ 03 26 09 07 65 – www.st-brice-courcelles.com

SAINT-MARTIN-SUR-LE-PRÉ

870 HABITANTS

Irriguée par la Marne, Saint-Martin-sur-le-Pré est une petite commune où il fait bon vivre. On y découvre un cadre vert et fleuri propice à la promenade : les jardins des Senteurs ou des Fruits Rouges ; la peupleraie et sa collection de saules ; l'îlot de fraîcheur en centre-ville ; ou encore le Canal Saint-Martin, avec ses platanes, son déversoir et ses kilomètres de chemins de halage.

Pratique

- **Prix national de la stratégie d'aménagement paysager (2023).**
- **Mairie :** Place du Général. de Gaulle ✆ 03 26 68 16 23 www.mairie-saintmartinsurlepre.fr

SARREGUEMINES

21 080 HABITANTS

Située au confluent de la Sarre et de la Blies, Sarreguemines est installée dans un cadre naturel et paysager exceptionnel. Verte et fleurie, c'est également la Capitale de la faïence, comme en témoigne notamment les 7 univers thématiques du jardin des Faïenciers. L'initiative « Croc' ta ville » fait intervenir fruits, légumes et aromates au cœur du fleurissement, pour une cueillette libre à disposition des habitants.

Pratique

- **Fleur d'Or (2012).**
- **Prix de la diversité végétale (2024).**
- **Le marché hebdomadaire** a lieu tous les mar. et ven. matins, rue de l'Eglise.
- **Hôtel de ville :** 2, rue du Maire Massing ✆ 03 87 98 93 00 www.sarreguemines.fr

© PHILIPPE PRUDHOMME - STOCK.ADOBE.COM

Sarreguemines.

SAUSHEIM

5 652 HABITANTS

Ancienne possession des Habsbourg, Sausheim était autrefois un petit village rural de l'agglomération mulhousienne. Pour une jolie balade, la Passerelle des Poêtes permet d'enjamber le Quatelbach, la rivière qui traverse la ville et alimentait autrefois le moulin ; tandis que la forêt de la Hardt est sillonnée par le vieux canal du Rhône au Rhin. Au cœur du village, le verger ancien recense une vingtaine de vieux arbres fruitiers, ainsi que des arbustes à fruits rouges.

Pratique

- **Le marché hebdomadaire** a lieu tous les sam. matins, derrière la mairie.
- **Mairie :** 38, Grand Rue.
✆ 03 89 45 90 90
www.ville-sausheim.fr

SEMIDE

208 HABITANTS

Au creux d'un vallon sous le plateau calcaire de Champagne, Semide est un village pittoresque qui met à l'honneur son patrimoine naturel et architectural. Les habitants participent activement à un fleurissement collectif, embellissant leurs maisons et leurs abords pour créer un cadre de vie fleuri et accueillant. Un chemin de randonnée et un chemin de mémoire au cœur du village permettent de découvrir le territoire.

Pratique

- **Prix national de la participation citoyenne (2021).**
- **Mairie :**
1, place de la Mairie.
✆ 03 24 30 31 39

SOULTZMATT-WINTZFELDEN

2 444 HABITANTS

Entre vignes et coteaux verdoyants, sur la Route des vins, Soultzmatt-Wintzfelden est célèbre pour ses eaux de source Lisbeth et son grand cru Zinnkoepflé. On y découvre notamment deux réservoirs de biodiversité préservés : les Collines sous-vosgiennes à la flore riche en orchidées, et les sites à chauve-souris des Vosges haut-rhinoises. Dans un coin de verdure, la zone de loisirs Au fil de l'eau dispose d'un sentier botanique, une mare pédagogique, ainsi qu'un parc à daims.

Pratique

- **Prix de la valorisation paysagère (2022).**
- **Le marché hebdomadaire** a lieu tous les mer. matins, en centre-ville.
- **Mairie :** Place du Général de Gaulle.
✆ 03 89 47 00 01 - www.ville-soultzmatt.fr

THIONVILLE

FLEUR D'OR
Villes et Villages Fleuris
2024

Entre patrimoine arboré remarquable et rives de Moselle, Thionville est une ville tournée vers la nature. On y découvre ainsi plusieurs jardins arborés, 4,50 hectares dédiés aux jardins familiaux, des réserves naturelles, ainsi que de beaux aménagements paysagers contemporains, agrémentés de massifs fleuris colorés. Une micro-forêt urbaine a également été créée par la commune et permet de découvrir les essences locales.

LE DOMAINE DE VOLKRANGE

Sur près de 30 ha, on y découvre un plan d'eau, un théâtre de verdure, un arbre remarquable (Sequoiadendron gigantéum), et un emplacement de prairie, bordé par une forêt. Un arboretum permet de se familiariser avec les 95 arbres de 30 essences différentes.

DES ESPACES ARBORÉS

Sur les bords de Moselle, le parc Napoléon offre des espaces ombragés créés par des arbres aux essences diverses. Il abrite ainsi un jardin de terre de bruyère, un jardin floral avec des parterres en mosaïculture, une roseraie et sa fontaine.
Le parc Nelson Mandela est également un bel espace de verdure libre, conjugué à un espace plus arboré et à des massifs fleuris.

DES BALADES LUDIQUES

À Thionville, plusieurs itinéraires s'offrent aux plus friands de découvertes. Le sentier de découverte du Beerenweg se trouve au cœur de la forêt communale et permet notamment de sensibiliser adultes et enfants pour comprendre la forêt, la faune, la flore et les interventions de l'homme.
Quant au sentier nature du Centre Le Lierre, sympathique balade végétale dans la ville en 10 stations, il a été imaginé afin de se questionner sur la présence d'oiseaux, d'insectes, de petits mammifères, de plantes et fleurs.
Balisé par les écoliers de la ville, le parcours promenade d'Œutrange dispose de 36 balises et 5 totems indiquant la voie à suivre pour découvrir le village-quartier sur 4,5 km. Entre leçon d'histoire, cours sur l'environnement, et témoignages sur le patrimoine et la vie des villageois.

LES DEUX JARDINS DU OUI

Ces jardins ont été imaginés par Catherine de Mitry comme le plan d'un jardin que toutes les communes pourraient reproduire. Ils ont la même orientation, avec un angle pointant obligatoirement vers le Nord. L'un a été créé au cœur du parc de Volkrange, tandis que l'autre se trouve au milieu du giratoire de la place du Luxembourg.

Pratique

- **Les marchés** : les mar. et sam. matins, place Hugo ; et les jeu. après-midis, esplanade Jean Moulin.
- **Mairie :** Rue Georges Ditsch.
✆ 03 82 82 25 25
www.thionville.fr

42 117 HABITANTS

© OLIVIER - STOCK.ADOBE.COM

Square du 11 novembre à Thionville.

TOUL

16 107
HABITANTS

Sur la Route du vin et de la Mirabelle, Toul mêle un riche patrimoine architectural, une forte présence de l'eau, complétés par des espaces verts et fleuris répartis dans toute la ville. Les réalisations florales sont composées avec une palette horticole très variée et sont en parfaite cohérence avec leur environnement ; tandis que les différents espaces verts sont soignés et offrent d'agréables promenades.

© HPE - STOCK.ADOBE.COM

La cathédrale de Toul.

LE PARC DE L'HÔTEL DE VILLE

Ancien palais épiscopal, l'Hôtel de Ville offre un joli bassin où l'on peut découvrir des bégonias qui rappellent le lien entre Toul et ces fleurs : Michel Bégon, père de l'évêque de Toul, fut le bienfaiteur du botaniste C. Plumier qui les découvrit. Le parc compte également un riche patrimoine arboré dont un gingko biloba vieux de 200 ans ; ainsi que la roseraie André Legrand et ses 66 variétés de rosiers.

DE BELLES PERSPECTIVES

Le jardin René Laurent offre une magnifique vue sur la cathédrale. On y découvre également une splendide collection de camélias, avec une vingtaine de cultivars présentés, choisis pour leur capacité à s'adapter au sol et au climat toulois.

DES COLLECTIONS EXCEPTIONNELLES

Le jardin des Contreforts mêle Moyen Âge et modernité avec des plessis métalliques, accompagnés de plantations inspirées des jardins des simples (plantes tinctoriales, médicinales, alimentaires ou utilitaires).
Le jardin de la Sacristie est pensé comme un écrin végétal fleuri. Entre couleurs, volumes et textures de feuillages, c'est un espace de fraîcheur agrémenté de 45 variétés de plantes diverses.
Quant au jardin des Aromatiques, il accueille un échantillon de plantes comestibles ou connues pour leur qualité olfactive : Artemisia absinthium, plus connue sous le nom d'absinthe, ou encore la Viola odorata – la violette odorante.
Enfin, le labyrinthe des Petits Fruits, voulu ludique dans sa conception, est dédié à la découverte d'une collection de végétaux offrant de petits fruits comestibles au gré des saisons. Ainsi, une quarantaine de variétés de plantes sont à y découvrir.

LE JARDIN DES POÈTES

Au pied de la Porte Moselle, il s'ouvre sur une allée engazonnée reprenant la forme d'une branche de rosier qui permet de déambuler au sein d'un fleurissement chaleureux composé de vivaces, graminées, rosiers et arbustes. Divers poèmes sont également intégrés aux plantations et régulièrement renouvelés.

Pratique

- **Les marchés :** les mer. et ven. matins, rue Jeanne d'Arc ; et sam. matins, rue Gambetta.
- **Mairie :** 13, rue de Rigny.
✆ 03 83 64 70 00 – www.toul.fr

TROYES

61 996
HABITANTS

Capitale historique de la Champagne, Troyes se trouve à la croisée de la Seine, des Viennes et des canaux. La ville dispose d'un patrimoine remarquable, dont 10 églises classées, 8 musées, et 10 000 m² de vitraux. Avec 149 ha d'espaces verts, elle est également engagée dans une gestion écoresponsable de son patrimoine végétal : gestion différenciée, charte de l'arbre, label Éco Jardin, Plan Paysages…

FLÂNER EN VILLE…

De nombreux jardins sont à découvrir à Troyes, tous propices à la détente et à la promenade. Le jardin du Rocher est un lieu paisible, avec un joli kiosque à musique classé Monument Historique, un étang et un terrain de pétanque.
Aménagé dans les fossés longeant les anciennes fortifications de la ville, le jardin de la Vallée Suisse est de conception romantique et offre une cascade et un ruisseau.

… OU LE LONG DES BERGES DE LA SEINE

Le parc de Foicy dispose d'un riche patrimoine arboré et d'une grande variété de végétaux. Trois plans d'eau sont également à découvrir au sein du parc des Vassaules, aménagé sur d'anciennes gravières.

DES JARDINS À THÈME

Le jardin de plantes médicinales de l'Hôtel-Dieu le Comte est divisé en 4 jardins thématiques, séparés par une allée centrale. Les plantes sont ainsi classées en fonction des parties du corps humain sur lesquelles elles agissent.
Quant au parc des Moulins, il s'agit d'anciennes friches entretenues en gestion naturelle et qui comprennent : un espace pédagogique dédié au jardinage, à la faune et la flore ; un sentier d'arbres ; une mare pédagogique ; un verger d'antan ; une roselière…

Pratique

- **Prix de la mise en valeur du patrimoine (2022).**
- **Fleur d'Or (2019).**
- **Les marchés :** les dim. matins, place Romain-Rolland.
- **Hôtel de ville :** Place Alexandre-Israël.
✆ 03 25 42 33 33
www.ville-troyes.fr

© LEFORT MAXIME - STOCK.ADOBE.COM

Jardin de la Vallée Suisse à Troyes.

VANDŒUVRE-LÈS-NANCY

30 100 HABITANTS

Dans l'agglomération nancéienne, Vandœuvre-lès-Nancy est une ville verte comme en témoigne ses 5 parcs emblématiques : le parc Richard Pouille, véritable poumon vert aux arbres remarquables ; le domaine du Charmois avec ses espaces boisés, ses banquettes fleuries et son bassin ; la Sapinière et ses grands pins noirs d'Autriche ; le parc du Tonneau et ses fruitiers typiques de Lorraine ; et le parc Brichambeau aménagé sur un ancien vallon du Bonsecours.

Pratique

- **Le marché hebdomadaire** a lieu tous les dim. matins, place centrale.
- **Mairie :** 7, rue de Parme. ✆ 03 83 51 80 00 www.vandoeuvre.fr

© YVAN - STOCK.ADOBE.COM

Parc Richard Pouille à Vandœuvre-lès-Nancy.

VAUX-VILLAINE

198 HABITANTS

Blotti dans le Parc naturel des Ardennes, Vaux-Villaine est situé sur le GR 654 et sur le chemin de Saint-Jacques-de-Compostelle. Le village se trouve également à la croisée de deux ruisseaux. Depuis 2015, un circuit fleuri constitué de 3 itinéraires permet de découvrir les lieux insolites du territoire : le Jardin des senteurs, le verger conservatoire, les lavoirs, édifices en pierres jaunes de Dom, ou encore l'église Saint-Rémi.

Pratique

- **Mairie :** 12, rue Ulysse Jeantils ✆ 03 24 56 44 84 - www.vaux-villaine.fr

VITTEL

4 832 HABITANTS

Ville phare de la plaine des Vosges, Vittel est mondialement connue pour son eau de source aux bienfaits naturels. Le fleurissement de la commune est harmonieux et vise à mettre en avant son patrimoine architectural emblématique, tel que le casino de Charles Garnier. De belles rues bordées d'érables et de tilleuls, et trois beaux parcs complètent ce tableau plébiscité par de nombreux curistes.

© LOTHARINGIA - STOCK.ADOBE.COM

Parc thermal à Vittel.

LE PARC THERMAL

Au cœur de la ville, ce parc de 650 ha contient des espèces exceptionnelles et rares. On y découvre de grandes perspectives paysagères, des jardins-promenoirs, des clairières aménagées autour de chalets, des horizons dégagés jusqu'aux lisières des forêts…

DE BEAUX ESPACES

En centre-ville, le parc de la Bienfaisante offre un espace arboré et fleuri ; tandis que dans la Forêt Parc, à la sortie de la ville, petits et grands pourront profiter d'un environnement de verdure : cabanes perchées dans les arbres, dômes, parc animalier, jardin 100 % bio…

Pratique

- **Fleur d'Or (2019).**
- **Prix de la valorisation touristique du label (2015).**
- **Le marché hebdomadaire** a lieu tous les mer. et sam. matins, place du Général de Gaulle.
- **Hôtel de ville :** 38, place de la Marne. ✆ 03 29 08 04 38 – www.ville-vittel.fr

Hortillonnages à Amiens.

© GUITOU60 - STOCK.ADOBE.COM

HAUTS-DE-FRANCE

Les Hauts-de-France portent bien leur nom, puisque la région occupe la pointe nord du pays. Avec près de 6 millions d'habitants, la région s'étend sur 5 départements : l'Aisne, le Nord, l'Oise, le Pas-de-Calais, et la Somme. Elle comprend de nombreux sites historiques d'importance, dont des sites de mémoire de la Première Guerre mondiale classés au patrimoine de l'UNESCO.

On y dénombre pas moins de 5 Parcs naturels régionaux sur son territoire, dont celui de la baie de Somme réputé pour sa biodiversité et à sa réserve ornithologique aux 450 espèces d'oiseaux migrateurs. Des paysages verts s'offrent ainsi aux visiteurs, tels que la forêt de Compiègne qui est l'un des plus grands massifs forestiers de France avec 14 500 hectares.

AMIENS

134 167 HABITANTS

Aux confluences de l'Avre et de la Selle, Amiens est particulièrement fière de son patrimoine fleuri tels que ses hortillonnages – ces jardins flottants qui remontent au Moyen Âge. Surnommée la « petite Venise du Nord » en raison des nombreux canaux (aussi appelés « rieux ») qui la traversent, l'eau occupe une place centrale et contribue aussi bien au fleurissement qu'à la variété de paysages à découvrir.

© OLIVIERGUERINPHOTO - STOCK.ADOBE.COM

Hortillonnages à Amiens.

UN ENVIRONNEMENT EMBLÉMATIQUE

Lieu unique aux portes de la baie de Somme et entouré de grands espaces agricoles à perte de vue, Amiens a su préserver durablement le patrimoine naturel qui a fait sa renommée au fil des siècles. Les hortillonnages, notamment, en sont un parfait exemple : à la fois jardins flottants et exploitations maraîchères sur l'eau où serpentent les rieux. La ville dispose également d'un patrimoine arboré important, certifié par le label Arbres Remarquables de France (2018).

LES PARCS ET JARDINS

Parmi les nombreux parcs et jardins à découvrir à Amiens, on peut notamment citer : le parc de la Hotoie et ses alignements de tilleuls, aulnes, frênes et ses platanes séculaires ; le parc urbain Saint-Pierre, implanté sur d'anciennes friches industrielles de 22 ha avec miroirs d'eau et méandres de rieux ; le marais des Trois Vaches et ses étangs aux rives marécageuses s'étendant sur près de 33 ha ; ou encore le parc zoologique et ses espèces exotiques et locales.

Pratique

- **Prix de la diversité végétale (2020).**
- **Les marchés** : mer.et sam. matins place Maurice-Vast ; mar. matin et ven. après-midi place Görlitz ; ven. matin (Esplanade Branly, rue Dargent) ; sam. matin (place Parmentier, avenue de Picardie) ; marché du Colvert ven. et dim. matins.
- **Hôtel de ville** : 7, rue de la Malmaison. ✆ 03 22 97 40 40 www.amiens.fr

BAILLEUL-SUR-THÉRAIN

2 323 HABITANTS

Au cœur du Beauvaisis, Bailleul-sur-Thérain est une commune tournée vers la nature qui bénéficie d'un patrimoine naturel particulièrement intéressant : le Mont César, sur la rive gauche du Thérain, et son sentier des 1 000 orchidées ; les étangs de Bailleul et ses animaux (cygnes, canards, ovins, bovins) ; la forêt domaniale de Hez-Froidmont, l'une des plus belles de Picardie ; ou encore le parc du château et ses arbres centenaires.

Pratique

- **Prix national de la diversité végétale (2018).**
- **Mairie** : Place Maurice Segonds.
✆ 03 44 07 65 49
www.bailleulsurtherain.fr

BERCK-SUR-MER

15 124 HABITANTS

Sur la Côte d'Opale, Berck-sur-Mer est une charmante station thermale et balnéaire connue pour sa vaste plage idéale pour le char à voile et ses rencontres internationales de cerfs-volants. Les sentiers dunaires offrent de magnifiques balades et de nombreux aménagements paysagers ont été réalisés par la municipalité : au jardin du Tortillard, sur la place de l'Entonnoir ou encore sur l'avenue du 8 mai. Un fleurissement estival est même décliné sur le thème de la plage.

Pratique

- **Prix de l'attractivité touristique (2024)**
- **Les marchés** : les mar. matins ; ven. matins et dim. matins, place Claude Wilquin.
- **Hôtel de ville** : Place Claude Wilquin.
✆ 03 21 09 09 00
www.berck.fr

© MARC MARIN - STOCK.ADOBE.COM

Chars à voile sur la plage de Berck-sur-Mer.

BEAUVAIS

57 071 HABITANTS

Sur le plateau Picard, Beauvais possède un riche patrimoine historique et naturel. C'est aussi une ville de jardins : d'inspiration médiévale, zen avec potager de légumes anciens et collection de tomates, des peintres, fruitier… Récompensée par le Prix national de l'Arbre en 2022, la commune offre une magnifique canopée urbaine avec près de 22 000 arbres sur son territoire, ainsi que 24 arbres remarquables.

LE JARDIN MÉDIÉVAL DE LA MALADRERIE SAINT-LAZARE

Dans cette ancienne léproserie du XIIIe siècle, c'est un jardin clos structuré par des haies de charmilles et de hêtres qui comprend plusieurs espaces thématiques : les jardins contemplatifs de Marie et du cloître, le jardin des simples, celui des plantes potagères, des céréales, des petits fruits et de la vigne.

LES PARCS DE LA VILLE

Au nord de la ville, les 45 ha du plan d'eau du Canada s'offrent à vous pour des heures de détente inoubliables. Le parc Marcel Dassault est un bel espace de balade, avec animaux de ferme et espaces ombragés. Tandis que le parc Kennedy est composé d'un espace boisé, d'une mare et de plaines de jeux.

Pratique

- **Prix de la mise en valeur du patrimoine (2019).**
- **Prix national de l'Arbre (2022).**
- **Le marché hebdomadaire** a lieu tous les mer. et sam. matins, place des Halles.
- **Hôtel de ville** : 1, rue Desgroux.
✆ 03 44 79 40 00
www.beauvais.fr

© CYBERIAN94 - STOCK.ADOBE.COM

Ancien palais épiscopal à Beauvais.

BOUBERS-SUR-CANCHE

600 HABITANTS

Au cœur d'une vallée verdoyante peuplée de peupliers du pays d'Artois, Boubers-sur-Canche était une principauté jusqu'à la Révolution française. Du côté de la place de l'église et du château, le fleurissement se fait en réponse avec l'architecture : le blanc des pierres, le bleu des ardoises, ou encore le pourpre des vitraux. A découvrir également : le « Bizarretum » où sont regroupé des plantes atypiques (feuilles chiffonnées, branches sinueuses, floraison curieuse…)

Pratique

- **Prix national de la diversité végétale (2021).**
- **Mairie** : 21, rue du Bourg. ✆ 03 21 03 64 50 www.boubersurcanche-villagefleuri.com

BOUSSIÈRES-SUR-SAMBRE

531 HABITANTS

Non loin de Maubeuge, Boussières-sur-Sambre est une petite commune verdoyante et fleurie où il fait bon vivre. Massifs colorés, charrettes fleuries et la rue des fleurs sont à découvrir au gré d'une balade. Tandis que les rives de la Sambre sont particulièrement propices au tourisme fluvial, notamment grâce à la halte nautique, et aux promenades le long des chemins de halage.

Pratique

- **Mairie** : Rue de l'Eglise. ✆ 03 27 66 39 77

CAUDRY

14 600 HABITANTS

Au cœur du Cambrésis, Caudry était autrefois centralisée autour de son industrie textile : elle porte ainsi le nom de Capitale mondiale de la dentelle de Calais-Caudry. Ville nature, elle offre de nombreux espaces de détente ; la base de loisirs du Val-du-Riot, véritable écrin de verdure ; le parc Bois Thierry et ses chemins de promenade bordés par de nombreuses essences végétales ; et des zones de jachères fleuries favorisant la biodiversité.

Pratique

- **Prix des jardins familiaux collectifs (2013)**
- **Le marché hebdomadaire** a lieu tous les ven. matins, place du Général de Gaulle.
- **Mairie** : Place du Général de Gaulle. ✆ 03 27 75 70 00 www.caudry.fr

BOULOGNE-SUR-MER

40 910 HABITANTS

Au bord de la Manche, sur la Côte d'Opale, Boulogne-sur-Mer est le premier port de pêche de France. Le fleurissement de cette station touristique est généreux et inventif, et fait intervenir près de 90 espèces de plantes annuelles et vivaces en massifs. Tous les ans, un jardin éphémère thématique est également imaginé sur la place de l'Hôtel de Ville pour une période de 5 mois.

© OLIVER HOFFMANN - SHUTTERSTOCK.COM

Balade dans la ville de Boulogne-sur-Mer.

LE JARDIN DE NAUSICAÀ

Situé à côté du Centre national de la mer, le plus grand aquarium d'Europe, c'est un espace vert de 17 000 m² de forme triangulaire. L'endroit est entouré de grands arbres, lieu idéal pour la détente et les activités sportives.

LE SQUARE MARIETTE PACHA

L'Égypte est mise à l'honneur dans ce parc qui rend hommage au célèbre égyptologue Auguste Mariette Pacha, natif de Boulogne-sur-Mer. On y découvre ainsi une palmeraie, un bassin à lotus, ainsi qu'une reconstitution de la barque solaire de Khéops, ayant servi à transporter le corps du défunt pharaon sur le Nil.

Pratique

- **Prix du « Jardin éphémère » (2017).**
- **Fleur d'Or (2021).**
- **Les marchés** : les mer. et sam. matins, place Dalton ; dim. matins, quai Gambetta et place Vignon.
- **Mairie** : Place Godefroy de Bouillon.
✆ 03 21 87 80 80
www.ville-boulogne-sur-mer.fr

CALAIS

68 002 HABITANTS

Sur la Côte d'Opale, Calais est une étape incontournable de la région, notamment connue pour sa dentelle – à découvrir à la Cité internationale de la dentelle et de la mode. Elle est également dotée d'un patrimoine historique exceptionnel : le Beffroi inscrit au patrimoine mondial de l'Unesco, la célèbre statue des Six Bourgeois de Rodin ou encore la médiévale Tour du Guet.

AU CŒUR DE LA VILLE

Le parc Saint Pierre, situé au cœur de la ville, a une composition classique et se caractérise par des allées sinueuses, bosquets d'arbustes, et massifs d'annuelles et vivaces.

REVALORISATION DE L'ESPACE

Les Terres Saint Roch s'étendent sur 25 ha de nature, autrefois occupées par une carrière devenue plan d'eau.

Sur le chemin de la Citadelle, le square Vauban est agencé par étages dans d'anciennes douves et dévoile ainsi une image de labyrinthe.

LE PARC RICHELIEU

Ce jardin offre des perspectives et des allées linéaires sur son aile nord, et des allées plus sinueuses avec des cascades et bassin sur son aile sud.

DEUX FORTS EN VILLE

Le Fort Vert, vaste espace de 400 ha, présente un ensemble de milieux typiques du littoral de la mer du Nord : immense estran, prés salés, dunes, pannes saumâtres, marais et polders. Plusieurs sentiers permettent aux visiteurs de déambuler et de découvrir 250 espèces d'oiseaux.

Quant au Fort Nieulay, c'est le seul « fort-écluse » bâti par Vauban. Cet espace mêlant nature et histoire s'étend sur 20 ha où l'on découvre un rucher, un vaste quadrillage en fleurissement champêtre, des plantes médiévales, ainsi que des espaces gérés en éco-pâturage avec des moutons boulonnais et des vaches flamandes.

Pratique

- **Prix national de la diversité végétale (2024).**
- **Les marchés** : les mer. matins, place d'Armes ; jeu. matins, place Crèvecœur ; sam. matins, places d'Armes Crèvecœur ; dim. matins, rues Greuze et Manet.
- **Hôtel de ville** : Place du Soldat Inconnu.
  ✆ 03 21 46 62 00
  www.calais.fr

© JULIEN LEI / - STOCK.ADOBE.COM

Beffroi et statue des Six Bourgeois à Calais.

COMPIÈGNE

41 648 HABITANTS

© ERIC - STOCK.ADOBE.COM

Parc du château à Compiègne.

En aval de l'Oise et de l'Aisne, Compiègne est une ancienne cité impériale autrefois chère à Napoléon III, bordée par sa forêt domaniale. Agréablement décorée, la ville offre de belles promenades fleuries : les bords de l'Oise, le parc Songeons avec son jardin des senteurs, le jardin du cloître de l'ancienne abbaye Saint-Corneille, le parc Royallieu et sa roseraie, le parc du château avec ses futaies de chênes et de hêtres.

Pratique

- **Le marché hebdomadaire** a lieu tous les mer. et sam. matins, place du Change.
- **Hôtel de ville** : Place de l'Hôtel de Ville.
✆ 03 44 40 72 00
www.agglo-compiegne.fr

CONCHY-SUR-CANCHE

223 HABITANTS

Située à l'emplacement d'un passage à gué sur le fleuve côtier, Conchy-sur-Canche est un ancien village fortifié devenu village-jardin. Entouré de collines boisées, on y met en avant un choix de plantes rustiques et vivaces, pour des massifs et compositions colorées en parfaite harmonie avec les maisons en brique et toits en ardoise du territoire. La commune organise également une fête des jardins d'automne qui a lieu tous les ans, le 2e dimanche d'octobre.

Pratique

- **Prix du jardinier (2018).**
- **Prix national de la diversité végétale (2021).**
- **Mairie** :
1, rue de l'Eglise.
✆ 03 21 47 98 12

CRÉPY-EN-VALOIS

14 788 HABITANTS

Bordée par les forêts de Compiègne et Ermenonville, au cœur de la vallée de l'Automne, Crépy-en-Valois est une ancienne cité médiévale où l'on découvre ruelles, hôtels particuliers et façades sculptées. Élue Capitale française de la biodiversité en 2014, la ville dispose également d'un patrimoine végétal d'importance et offre un cadre de vie préservé à ses habitants.

LE PARC DE GÉRESME

Véritable havre de paix pour la faune locale, c'est le domaine des oiseaux nicheurs et des chouettes. On peut également y croiser, dans des enclos, des chèvres et des daims. Côté rivière, l'habitat est idéal pour les cygnes, colverts, oies et autres poissons. Le soir venu, les écureuils, renards, hérons et grenouilles profitent du parc et laissent leurs traces dans les chemins ou les fourrés le lendemain matin.

La flore n'est pas en reste avec des arbres très anciens et remarquables, comme le cyprès chauve, le hêtre pleureur, l'aulne noir, ainsi que des fleurs menacées de disparition et des plantes médicinales.

LE PARC SAINTE-AGATHE

Situé au cœur du Vieux Crépy, c'est l'endroit idéal pour observer des pics ou des écureuils roux nichés dans les vieux arbres à cavités qui le parsèment.

LE JARDIN DU CHÂTEAU

Sur 3 000 m², on découvre un jardin partagé situé à la droite du château de Géresme. On y trouve des arbres fruitiers (pommiers, poiriers, groseilliers, cassissiers et framboisiers), des hôtels à insectes, un potager, des refuges à hérissons, ainsi que plusieurs essences de plantes grimpantes et mellifères pour habiller le mur Est du jardin.

Pratique

- **Prix national de l'Arbre (2019).**
- **Les marchés** : les mer. matins, place de la République ; sam. matins, place Gambetta ; et dim. matins, avenue Levallois-Perret.
- **Mairie** : 2, avenue du Général Leclerc. ✆ 03 44 59 44 44 www.crepyenvalois.fr

© TOMMY LAREY - SHUTTERSTOCK.COM

Daim dans le parc Géresme à Crépy-en-Valois.

DOUAI

40 736
HABITANTS

Idéalement située entre Lille, Arras, Cambrai et Valenciennes, Douai est une ancienne résidence comtale bâtie sur les rives de la Scarpe. Avec ses parcs, sa réserve naturelle de Douai-Wagnonville, son Jardin des plantes et ses carrés potagers, la ville offre de nombreux points de nature propices à la flânerie. Les fêtes de Gayant et ses géants classés au patrimoine mondial de l'Humanité sont l'occasion de découvrir la ville de façon animée.

AU BORD DE L'EAU

Le parc Charles Bertin offre de nombreux équipements à ses visiteurs : ponts, grotte, belvédère, plan d'eau, serres, grand kiosque… Le parc Jacques Vernier, ancien port charbonnier des Houillères du Nord et du Pas-de-Calais, a été réhabilité en un parc paysager avec plan d'eau, zone naturelle et marais.

ENTRE NATURE ET HISTOIRE

Créé en 1793, le jardin des plantes abrite une roseraie de variétés anciennes, une haie fruitière, un magnifique chêne-liège âgé de 65 ans, un jardin des cinq sens, ainsi qu'une collection de vivaces et de graminées. Côté histoire, le parc de la Tour des Dames doit son nom à une tour ronde en grès datant du XVe siècle qui trône en son centre, vestige des anciennes fortifications. On y découvre un joli plan d'eau propice à la promenade.

VISITE DES JARDINS MONASTIQUES DU MUSÉE DE LA CHARTREUSE

Imaginés en collaboration avec le lycée agricole et horticole Douai Bio-Tech', ils se dévoilent en plusieurs espaces : le jardin des simples ; le jardinet du chartreux dont les fruits et légumes étaient autrefois cultivés par les moines ; le jardin d'agrément du prieur qui évoque la beauté céleste ; et le cloître de verdure qui rappelle le jardin d'Éden.

Pratique

- **Prix de l'action éducative et pédagogique (2020).**
- **Les marchés** : les mer. matins, place Carnot ; ven. matins, place de la Convivialité ; sam. matins, places du Barlet Grand marché et Saint-Amé ; et dim. matins, square Saint-Maur des Fossés.
- **Hôtel de ville** : 21, rue de la Mairie. ✆ 03 27 93 58 00 – www.ville-douai.fr

© NJ - STOCK.ADOBE.COM

Beffroi de Douai.

DUNKERQUE

NOUVEAU 2024

87 805 HABITANTS

Façonnée par la mer du Nord, le nom de Dunkerque signifie « l'église dans les dunes ». Avec sa plage de sable fin et sa station balnéaire, c'est une destination réputée qui attire également les touristes Européens limitrophes. Mondialement connue pour son Carnaval dont les festivités s'étalent sur 3 mois, elle compte plusieurs sites remarquables tels que le beffroi Saint-Éloi, la tour du Leughenaer, ou encore le phare de la ville.

© INNA - STOCK.ADOBE.COM

Port de Dunkerque.

UN TERRITOIRE TYPIQUE

Dunkerque regorge de territoires naturels remarquables : espaces dunaires préservés, bancs de sable, paysages de polder – cette étendue artificielle de terre gagnée sur l'eau, entre canaux et wateringues, à découvrir grâce à 6 chemins pédestres.

ENTRE NATURE ET CULTURE

Une balade dans la ville sera l'occasion d'admirer le parc à l'anglaise du château Coquelle, le plus monumental de tous les châteaux rosendaëliens. Pour les férus d'animaux, il faudra se rendre au parc Malo pour en visiter l'aquarium. Pour ce qui est de l'art, le jardin des sculptures ou le parc de Petite-Synthe et son fort d'artillerie en brique et béton armé sauront vous ravir.

Pratique

- **Marchés** : tous les mer. et sam. matins, place du Général de Gaulle.
- **Hôtel de ville** : Place Charles Valentin.
✆ 03 28 59 12 34
www.ville-dunkerque.fr

ÉTAPLES-SUR-MER

10928 HABITANTS

En baie de Canche et à deux pas du Touquet, Etaples-sur-Mer est une cité de pêcheurs à l'identité maritime très forte. Riche d'un patrimoine naturel et culturel exceptionnel, elle est également estuarienne du Parc naturel marin des estuaires picards et de la mer d'Opale. On y découvre ainsi une grande variété de paysages : dune, forêt, bocage et autres espaces verts colorés du centre-ville.

Pratique

- **Prix de la protection de la nature (2023).**
- **Le marché hebdomadaire** a lieu tous les mar. et ven. matins, place du Général de Gaulle.
- **Mairie** : Place du Général de Gaulle.
✆ 03 21 89 62 67
www.etaples-sur-mer.fr

FOREST-L'ABBAYE

324 HABITANTS

Ancien fief des Templiers, Forest-L'Abbaye peut s'enorgueillir de son label 4 fleurs obtenu il y a plus de 30 ans. Tous les ans, la commune met en place une Bourse aux Fleurs et un concours de maisons fleuries afin de faire participer les habitants. Et le petit plus qui fait la différence : la plantation de légumes (tomates, courges…) au cœur des massifs afin d'en faire profiter les passants. Chevaux et moutons font également un beau travail d'éco-pâturage !

© D.R.

Gite communal de Forest-L'Abbaye.

Pratique

- Commune située dans le Parc naturel régional Baie de Somme Picardie Maritime.
- **Mairie** : 28, rue de la Mairie.
✆ 03 22 23 74 71

GAUCHY

5328 HABITANTS

Bordée par la Somme, Gauchy est une commune très ancienne de l'Aisne qui a su conjuguer l'architecture moderniste de son cœur de ville et la tradition ouvrière, textile et cheminote de ses quartiers anciens. Le marais de la Biette offre un lieu de détente agréable dans une zone naturelle riche en biodiversité, à découvrir grâce aux sentiers pédestres et chemins VTT.

Pratique

- **Mairie** : 8, avenue Adrien Renard. ✆ 03 23 08 72 72 - www.ville-gauchy.fr

GRANDE-SYNTHE

20 840 HABITANTS

Ancien village maraîcher, Grande-Synthe est une ville tout en contrastes qui offre un cadre de vie végétalisé à ses habitants. En lisière de ville, on découvre notamment une réserve naturelle avec lac artificiel, divisée en deux poumons verts que sont Puythouck et Prédembourg. Le jardin public dispose quant à lui de plusieurs espaces : jardin des générations, mare et bassins, fontaine, kiosque, jardin provençal en butte.

POUR UNE ALIMENTATION DURABLE

La ville est engagée en faveur de la démocratie alimentaire, avec pour mission d'offrir à ses habitants un accès digne et participatif à une alimentation saine et durable. Le projet de « Maison de l'alimentation durable » viendra renforcer cette action en s'installant dans l'une des dernières fermes du village.

Pratique

- **Prix de la participation citoyenne (2018).**
- **Les marchés** : les mar. matins, place de l'Atrium ; et jeu. matins, avenue Dubedout.
- **Mairie** : Place François Mitterrand.
✆ 03 28 62 77 00
www.ville-grande-synthe.fr

GRAVELINES

11 638 HABITANTS

Cité fortifiée par Vauban en bord de mer, en plein cœur de la Côte d'Opale, Gravelines possède les seuls remparts entièrement entourés d'eau du pays. On y découvre une grande diversité naturelle : watergangs, chenal et parc des rives de l'Aa, bassins et zone naturelle, lagunages… Ainsi qu'un accent mis sur les arbres avec l'opération « Un milliard d'arbres », ou encore le Chemin de l'Arbre qui permet de découvrir 120 espèces différentes.

© OLIVIERGUERINPHOTO - STOCK.ADOBE.COM

Remparts de Gravelines.

Pratique

- **Fleur d'Or (2016).**
- **Le marché hebdomadaire** a lieu tous les ven. matins, place Albert Denvers.
- **Mairie** : Place Albert Denvers.
✆ 03 28 23 59 01
www.ville-gravelines.fr

GUYENCOURT-SAULCOURT

143 HABITANTS

Au cœur des collines du Vermandois, Guyencourt-Saulcourt est un petit village des plus authentiques. Animée par une passion pour le jardinage et les fleurs, la municipalité travaille ardemment à l'embellissement de son territoire. Les essences locales sont privilégiées dans les compositions et la palette végétale est variée : vivaces, plantes annuelles, 80 espèces d'arbustes, bulbes, plantes grimpantes, graminées…

Pratique

- **Fleur d'Or (2019).**
- **Prix national de la diversité végétale (2016).**
- **Mairie** : 28, rue Paul Lejeune.
✆ 03 22 86 66 11
www.guyencourt-saulcourt.com

LAMBERSART

27 835 HABITANTS

Dans l'ancien pays de Weppes, Lambersart est bordée par la Deûle et le bois de Boulogne. Les espaces verts de la ville sont conservés en jardins « à la française » ou en parcelles de gestion différenciée, tandis que les habitants disposent d'un permis de végétaliser l'espace public. Un inventaire participatif des arbres remarquables est également mis en place par la commune, avec la présence d'un vieux marronnier dans le parc du Clos Saint-Pierre.

Pratique

- **Les marchés** : les mar. matins, place de la République ; mer. matins, square Southborough ; et sam. matins, rue du Bourg.
- **Mairie** :
19, avenue Georges Clémenceau.
✆ 03 20 08 44 44
www.lambersart.fr

LONGUEVILLETTE

76 HABITANTS

Non loin d'Amiens et Abbeville, Longuevillette fait partie des plus petites communes à arborer 4 fleurs. La place de l'Eglise, notamment, est particulièrement bien fleurie et fait intervenir différentes essences florales et arborées : aulne impérial, saule à tiges rouges, spirée japonaise, bouleau à feuilles pourpres, prunier pleurer japonais… L'arboretum de la ville, qui offre 118 variétés forestières sur plus de 6 500 m², est également un jardin d'oiseaux agréé par la Ligue pour la Protection des Oiseaux.

Pratique

- **Mairie** : 50, rue Principale. ✆ 03 22 32 89 09
www.commune-longuevillette.jimdofree.com

LE TOUQUET-PARIS-PLAGE

5 076 HABITANTS

Station balnéaire de la Côte d'Opale, Le Touquet-Paris-Plage se découvre au milieu des dunes sauvages de la baie de la Canche, le long d'une plage de sable fin de 12 km. Entre mer et forêt, la nature a toute sa place en ville et se dévoile au fil des saisons. La commune possède notamment sa propre rose rustique (de type polyantha), ainsi qu'une collection de buis à découvrir dans le parc des Pins.

© PACKSHOT - STOCK.ADOBE.COM

Plage du Touquet-Paris-Plage.

LES JARDINS DE LA MANCHE

Cet ensemble de 12 jardins, tous labellisés Jardin remarquable depuis 2022, donne son surnom à la ville : le « Jardin de la Manche ». Le tout offre ainsi un bel itinéraire de promenade qui permet de visiter la ville au départ des jardins du Palais des Congrès aux élégants topiaires pyramidaux. On y trouve également le jardin d'Ypres peuplé notamment de chênes, de cyprès et de cèdres du Liban ; le jardin de l'Hôtel de Ville et ses parterres de buis ; ou encore le jardin des Arts et sa sculpture monumentale.

Pratique

- **Prix de la préservation de l'environnement (2024).**
- **Le marché hebdomadaire** a lieu tous les jeu. et sam. matins, rue Jean Monnet.
- **Hôtel de ville** : Boulevard Daloz. ✆ 03 21 06 72 72 www.letouquet.com

MONS-BOUBERT

558 HABITANTS

Au cœur de la baie de Somme, Mons-Boubert est un village rural paisible et préservé. Entre fermettes et longères en torchis, de nombreux circuits permettent aux visiteurs d'en découvrir le territoire verdoyant et la biodiversité locale : vergers, espaces boisés, mares, ou encore un jardin pédagogique offrant différentes variétés d'arbres fruitiers.

Pratique

- **Mairie** : 59, rue du Val en cendres. ✆ 03 22 31 45 29 - www.monsboubert.fr

MONTREUIL-SUR-MER

1 935 HABITANTS

Aux confins de la Picardie, de l'Artois et des Flandres, Montreuil-sur-Mer est nichée sur un promontoire qui offre un panorama magnifique. Cité historique et gastronomique, elle se découvre notamment grâce à des « visites natures » organisées par l'Office de Tourisme. La promenade des Remparts, qui s'étend sur 3 km, offre une belle balade, l'occasion d'y admirer deux espèces d'orchidées sauvages : l'Ophrys apifera et l'Orchis pyramidal.

Pratique

- **Le marché hebdomadaire** a lieu tous les sam. matins, sur la place principale.
- **Mairie** : 16, place Gambetta. ✆ 03 21 06 01 33 www.ville-montreuil-sur-mer.fr

© JAN KASZUBA - STOCK.ADOBE.COM

Promenade des remparts à Montreuil-sur-Mer.

RÉMÉRANGLES

225 HABITANTS

Sur une plaine découverte à l'est de Beauvais, Rémérangles est un petit village rural au patrimoine historique préservé : calvaires, église inscrite aux Monuments Historiques… La mairie, l'une des plus petites de France, est bien fleurie, tandis que les trottoirs engazonnés et les compositions florales aux pieds des maisons offrent une ambiance champêtre appréciée.

Pratique

- **Mairie** : 38, Grande Rue. ✆ 03 44 78 02 11 - www.remerangles.fr

ROUBAIX

95 813
HABITANTS

Autrefois dédiée à l'industrie textile, Roubaix cherche depuis à redonner une place d'importance au végétal sur son territoire. La ville dispose d'un patrimoine arboré remarquable et préservé grâce à la mise en place d'une Charte de l'Arbre. Les nombreux massifs (vivaces, arbustifs à floraison ou ornementaux), prairies fleuries, ou encore la floraison des bulbes de printemps participent à un fleurissement de qualité.

LES PARCS DE LA COMMUNE

Le parc du Nouveau Monde, au cœur du quartier de l'Hommelet, arbore des essences exotiques et tinctoriales dans des « jardins continentaux ».

Le square Pierre Catteau est un vrai petit îlot de verdure au centre duquel on trouve un plan d'eau constitué de 2 bassins, et entouré de grands massifs arbustifs et de larges pelouses.

Le parc Barbieux, labellisé Jardin remarquable, est un témoin centenaire de la Belle Epoque, ayant notamment accueilli le 30 avril 1911 l'Exposition internationale. Une promenade permet de découvrir de nombreuses espèces végétales, des arbres remarquables, et de nombreux oiseaux et palmipèdes qui ont trouvé refuge au milieu des pièces d'eau.

Pratique

- **Prix de la mise en valeur du patrimoine (2018).**
- **Les marchés** : les lun. matins, quartier Nouveau Roubaix ; mer. matins, quartier Alma ; ven. après-midis, quartier Nation ; sam. matins, en centre-ville ; sam. après-midis, quartier Pile ; et dim. Matins, quartier Epeule.
- **Hôtel de ville** : 17 Grand Place.
✆ 03 20 66 46 00
www.ville-roubaix.fr

© BRAD PICT - STOCK.ADOBE.COM

Parc Barbieux à Roubaix.

SAINT-JOSSE-SUR-MER

1 177 HABITANTS

Au cœur de la région naturelle du Marquenterre, Saint-Josse-sur-Mer est un village nature entre terre et mer très apprécié des visiteurs. Le jardin du presbytère offre notamment une magnifique collection d'hydrangeas et d'arbres fruitiers, tandis que les différents sites naturels du territoire abritent une faune diversifiée et une flore rare.

UN PATRIMOINE NATUREL RICHE

Le Communal de Saint-Josse est l'endroit idéal pour observer 87 espèces animales présentes dans ses deux mares : rainette arboricole souvent verte, couleuvre à collier, bruant jaune. Les amoureux de faune et flore se rendront aux Landes du Moulinel pour y observer de nombreuses espèces végétales : bruyères à quatre angles, orchidées *(Dactylohiza Macula)*, *drosera rotundifolia*, plantes carnivores ; et animales : *Vipera berus*, bruant jaune, libellule fauve… Ainsi qu'au marais de Villiers : orchidée *(Liparis Loeseli)*, pédiculaire des marais busard des roseaux, gorge bleu à miroir…

Pratique

- **Fleur d'Or (2022).**
- **Prix des 60 ans du label (2019).**
- **Mairie** : 2, rue de la Mairie.
✆ 03 21 94 75 51
www.saint-josse-sur-mer.fr

SENLIS

15 709 HABITANTS

Sur les pas des rois de France, Senlis est une ville d'histoire aux ruelles pavées. Sa richesse architecturale est parfaitement mise en valeur par un patrimoine paysager exceptionnel : un hêtre pourpre vieux de plusieurs siècles dans le parc du château royal qui a vu le sacre de Hugues Capet ; le jardin de l'évêché et son hortus de plantes médicinales du Moyen-Âge ; ou bien le parc écologique avec roseaux, joncs, iris jaunes, et une soixantaine d'espèces d'oiseaux.

© DIDIER LAURENT - STOCK.ADOBE.COM

Les rues de Senlis.

Pratique

- **Le marché hebdomadaire** a lieu tous les mar. et ven. matins, place de la Halle.
- **Hôtel de ville** : 1, place Henri IV.
✆ 03 44 53 00 80
www.ville-senlis.fr

SAINT-VALÉRY-SUR-SOMME

2 491 HABITANTS

Nichée sur un promontoire dominant l'estuaire et l'une des plus belles baies du monde, Saint-Valéry-sur-Somme s'engage pour un aménagement paysager durable. L'aménagement floral de la commune est composé d'espèces variées de vivaces, graminées afin de permettre un fleurissement tout au long de l'année. La Fête de la Mer et le concours des Maisons Fleuries permettent également aux habitants de prendre part à la végétalisation.

LES JARDINS DE LA BAIE DE SOMME

Au cœur de la vieille ville, on découvre l'Herbarium en suivant le chemin fléché dans le dédale des rues fleuries. Jardin remarquable ceint de murs de silex et galets, il domine les remparts médiévaux de la ville et rassemble d'anciennes plantes moyenâgeuses.

Le Fruticetum met en avant la couleur bleue, un clin d'œil à la « Waide » cette plante tinctoriale précieuse au Moyen Âge. Associés aux rues fleuries de la ville où se dévoilent valérianes, roses trémières, lys, onagres, menthes sauvages et autres pois de senteur, ces deux jardins forment « les jardins de la Baie » et invitent les visiteurs à la promenade.

Pratique

- **Prix de l'attractivité touristique (2021).**
- **Les marchés** : les mer. matins, quai de l'Amiral Courbet ; dim. matins, place des Pilotes.
- **Mairie** : 19, place Saint Martin. ✆ 03 22 60 82 16 www.saint-valery-sur-somme.fr

© ERIC ISSELÉE - STOCK.ADOBE.COM

Rue des Moulins à Saint-Valéry-sur-Somme.

TOURCOING

99 345 HABITANTS

Au cœur de la métropole lilloise, Tourcoing, aussi surnommée la « cité du Broutteux », est connue pour la qualité de son cadre de vie. Entre bâtiments industriels et édifices Art Déco, la nature occupe également une place prépondérante dans cette ville verte. Les berges du canal et les nombreux parcs et jardins de la commune offrent des îlots de fraîcheur en ville.

LE PARC CLEMENCEAU

Ce parc possède environ 500 arbres, dont 22 essences de feuillus et 7 de conifères. On y découvre également quelques arbres remarquables : hêtres, platanes ou cyprès chauves. Des massifs d'arbustes, des rosiers, des bulbes et des plans d'eau (le Lac aux Cygnes, ses cascades et ses jets d'eau) complètent le tableau.

LE JARDIN BOTANIQUE

Véritable îlot de verdure en plein cœur de ville, il offre un voyage sensoriel au milieu de 2 500 plantes et fleurs. L'espace est divisé en plusieurs parties : le jardin historique, le jardin d'Amérique du Nord, les carrés et les serres pédagogiques (chaudes et froides).

LE PARC DE L'YSER

On recense ici 1 200 arbres, dont un grand nombre d'essences courantes : érable sycomore, aulne glutineux, bouleau verruqueux, charme commun, frêne élevé, chêne pédonculé… Un étang et une passerelle offrent une promenade bucolique.

Pratique

- **Prix des jardins familiaux collectifs (2016).**
- **Prix national de l'Arbre (2014).**
- **Les marchés** : les lun. mar. et sam. matins sur la Grand-Place ; mer. matins, place des Phalempins ; et les ven. après-midi, place de la Bourgogne.
- **Hôtel de ville** :
10, place Victor Hassebroucq.
✆ 03 20 23 37 00
www.tourcoing.fr

© JCCUVELIER - STOCK.ADOBE.COM

L'hôtel de ville de Tourcoing.

VALENCIENNES

44 043 HABITANTS

Ancienne cité marchande et industrielle, Valenciennes possède un patrimoine naturel riche et très diversifié. Les projets de rénovation urbaine portent ainsi une dimension paysagère et durable, tandis que de nombreuses actions environnementales sont mises en avant afin de préserver la biodiversité locale et améliorer le cadre de vie.

© D.R.

Square de l'Ordron à Valenciennes.

DES ATMOSPHÈRES VARIÉES

Plusieurs parcs et jardins sont à découvrir lors d'une balade : le Parc de la Rhônelle, jardin à l'anglaise centenaire ; le jardin des Floralies avec sa grande fontaine et son jardin des cinq sens ; ou encore le Vignoble qui offre un plan d'eau de 55 ha et de beaux camaïeux verts et bleus.

L'ART DANS LA NATURE

Valenciennes est un véritable musée à ciel ouvert qui ne totalise pas moins de 27 Prix de Rome. Pour découvrir les nombreuses œuvres d'art qui font sa renommée, rien de mieux qu'un détour par le parc Prix de Rome-Jacques Chirac qui conjugue nature et culture sur près de 16 000 m².

Pratique

- **Fleur d'Or (2023).**
- **Prix de la mise en valeur du végétal dans l'espace public (2019).**
- **Le marché hebdomadaire** a lieu le mercredi, sur la place d'Armes.
- **Hôtel de ville** : Places d'armes.
✆ 03 27 22 59 00
www.valenciennes.fr

Parc du Bois-Préau à Rueil-Malmaison.

© LADYBIRD - STOCK.ADOBE.COM

ÎLE-DE-FRANCE

Région-capitale, l'Île-de-France totalise plus de 12 millions d'habitants pour seulement 12 000 km². Ceinturée par la Seine, l'Oise, la Marne et le Loing, la région parisienne est très concentrée et comprend 8 départements : Paris, au centre, la Seine-et-Marne, les Yvelines, l'Essonne, les Hauts-de-Seine, la Seine-Saint-Denis, le Val-de-Marne, et le Val-d'Oise. Le territoire est parsemé de massifs forestiers, dont la forêt de Rambouillet est l'un des plus grands. Outre Paris et ses nombreux musées et monuments, la région offre également de nombreuses activités : les châteaux de Versailles, Vaux-le-Vicomte, ou encore Vincennes ; la cité médiévale de Provins ; la basilique de Saint-Denis, dernière demeure des rois de France…

AULNAY-SOUS-BOIS

85 740 HABITANTS

Au cœur du Parisis, Aulnay-sous-Bois est un ancien village agricole devenu ville urbaine qui a su préserver une trame verte sur son territoire. On y découvre un patrimoine forestier exceptionnel, ainsi que de nombreux espaces verts : les berges du canal de l'Ourcq propices à la promenade ; la roseraie Honoré Daumier et ses 2 500 rosiers implantés dans un jardin paysager à l'anglaise ; le parc Dumont sur les terres de l'ancienne forêt de Bondy…

© NOBTIS - ISTOCKPHOTO.COM

Parc Gainville à Aulnay-sous-Bois.

Pratique

- **Les marchés :** les mer. et sam. matins, place de l'Église Saint-Sulpice ; mar. ven. et dim. matins, place Saturne ; et mar. jeu. et dim. matins, boulevard de Strasbourg.
- **Hôtel de ville :** Place de l'Hôtel. de Ville ✆ 01 48 79 63 63 www.aulnay-sous-bois.com

COURBEVOIE

82 145 HABITANTS

Ancienne petite bourgade de pêcheurs et de vignerons nichée sur les coteaux qui dominent la Seine, Courbevoie doit son nom aux chemins sinueux qui parcourent son territoire. La nature a été intelligemment intégrée aux constructions plus modernes, de styles très variés : immeubles Art déco, hôtels particuliers, bureaux… On y dénombre plus de 30 ha d'espaces verts, entre rues-jardins, chemins verts et parcs aux palettes florales harmonieuses.

LE PARC DE BÉCON

Ce site classé, qui offre une vue panoramique sur la ville de Paris, est lui-même visible depuis les quais de Seine grâce à ses remarquables escaliers. L'endroit abrite notamment les pavillons des Indes anglaises, de la Suède et de la Norvège, créés pour l'Exposition universelle de 1878.

LE SQUARE VOLTA

Entre deux rues, ce square traversant a été transformé en forêt nourricière en 2022. On y découvre ainsi différents étages de végétation : arbres, arbustes fruitiers et vivaces.

Pratique

- **Fleur d'Or (2015 et 2021).**
- **Prix de la valorisation paysagère et urbaine (2018).**
- **Les marchés :** les mer. et sam. matins, marchés Marceau et Villebois-Mareuil ; jeu. et dim. matins, marché Charras ; mer. et ven. en journée, marché du Faubourg de l'Arche.
- **Hôtel de ville :** Place de l'Hôtel de Ville. ✆ 01 71 05 70 00 www.ville-courbevoie.fr

CACHAN

30 592
HABITANTS

Au cœur de l'aire d'attraction de Paris, Cachan est une ville tournée vers l'écologie. Entourée de bois et traversée par la Bièvre, la commune recèle de beaux espaces verts tels que le parc Raspail avec son imposante bambouseraie, ou encore le Jardin panoramique qui offre une vue exceptionnelle. La ville met également en avant des « massifs hôtes » pour préserver la biodiversité invisible, tandis que des espèces mellifères sont plantées pour favoriser les ruches.

LES RIVES DE BIÈVRE

Réapparue sur le territoire en 2006, la Bièvre se découvre au milieu de la première étape d'une promenade urbaine, baptisée Rives de Bièvre. Une faune et une flore typiques des cours d'eau ont ainsi pu être réintroduites en ville : joncs, roseaux, nénuphars, aulnes, saules et magnolias, grenouilles, canards, hérons…

LES VIGNES

Planté en 2000, le vignoble des Coteaux Cachan dispose de cépages Sauvignon et Cémillon. Chaque année, les vendanges, le pressage, puis la dégustation de la nouvelle cuvée attirent de nombreux visiteurs permettant ainsi de renouer avec la tradition viticole du territoire.

Pratique

- **Prix national de la diversité végétale (2018).**
- **Le marché hebdomadaire** a lieu tous les mer. et sam. matins, avenue Léon Eyrolles.
- **Mairie :** Square de la Libération. ✆ 01 49 69 69 69 – www.ville-cachan.fr

© HJBC - ISTOCKPHOTO.COM

La Bièvre à Cachan.

BOIS-COLOMBES

28 900 HABITANTS

Aux portes de Paris, Bois-Colombes affiche une grande diversité végétale. Ses nombreux espaces verts lui confèrent une ambiance de petit village urbain : le parc des Bruyères, imaginé sur le modèle du parc Monceau ; le parc Franklin Roosevelt avec son château et ses arbres centenaires ; le Parc Pompidou, véritable poumon vert… Une promenade verte est également à découvrir sur le tracé d'une ancienne voie ferrée.

Pratique

- **Les marchés :** les lun. mer. et sam. matins, marché du Centre ; ven. matins, marché Mermoz ; et les mer. après-midi, marché du quartier des Bruyères.
- **Hôtel de ville :** 15, rue Charles Duflos. ✆ 01 41 19 83 00 – www.bois-colombes.fr

CRÉTEIL

93 722 HABITANTS

Située au sud-est de la banlieue parisienne, Créteil est une ville urbaine qui a su s'adapter aux enjeux climatiques au cours de ces dernières années. Avec un lac bordé de nombreux espaces verts et des bords de Marne aménagés en zone de promenade, la ville offre un cadre de vie agréable pour ses habitants. Une trame fleurie est également mise en place pour faire le lien entre les différents quartiers.

© JAG IMAGES - STOCK.ADOBE.COM

Lac de Créteil.

AU BORD DE L'EAU

L'île des Ravageurs est un parc très ombragé, situé au bord de la Marne, auquel on accède uniquement par une passerelle. Les parcs de la Côte d'or, des Coteaux du Sud, et des Sarrazins permettent de rejoindre le Mont-Mesly et les bords du lac. Le lac de Créteil se dévoile juste au pied de l'Hôtel de Ville. Ancienne gravière creusée dans les alluvions de la Seine et de la Marne, il accueille de nombreux oiseaux migrateurs.

Pratique

- **Prix de la stratégie d'aménagement paysager (2022).**
- **Les marchés :** les jeu. et dim. matins, rue des Écoles ; mar. et ven. matins, rue Juliette Savar.
- **Hôtel de ville :** Place Salvador Allende. ✆ 01 49 80 92 94 www.ville-creteil.fr

ÉVRY-COURCOUROUNNES

NOUVEAU 2024

66 177 HABITANTS

Plus grande commune nouvelle d'Île-de-France, Évry-Courcouronnes est une ville nature et culturelle en bords de Seine. Ancien territoire agricole bâti de châteaux, notamment celui du Beauvoir, inspiré du Trianon de Versailles, qui est le seul encore en place de nos jours. La ville compte également une douzaine d'édifices labellisés « Architecture contemporaine remarquable ».

© MARJOLAINE ROLAND / VILLE D'ÉVRY-COURCOURONNES

La dame du Lac au parc du Lac à Évry-Courcouronnes.

DES PARCS HISTORIQUES

La ville nouvelle compte plusieurs parcs historiques d'importance : le parc des Coquibus et ses nombreux chênes, bouleaux, érables et tilleuls ; le parc des Tourelles, au cœur du vieil Évry, qui abritait l'ancien château de la Folie Barbot ; le parc Pompidou et son tulipier centenaire…

LE LONG DE LA SEINE

Les bords du fleuve sont un excellent lieu de promenade, que ce soit au cœur du parc Mouchian ou bien le long du chemin de halage bordé de saules, qui permettent notamment de rejoindre les communes voisines de Corbeil et Ris-Orangis, ou encore la forêt de Sénart.

DES PARCS PROTÉGÉS

4 Espaces naturels sensibles (ENS) sont à découvrir en ville. Le parc de la Dame du Lac est l'endroit idéal où observer la faune : cygnes tuberculés, grèbes huppés, hérons cendrés, oies sauvages, poules d'eau et autres foulques macroules.
Le parc de Rondeau et ses deux buttes offrent un beau promontoire qui permet d'admirer paisiblement le paysage.
Le bois de la Garenne, véritable poumon vert, domine la vallée de la Bièvre et offre une végétation dense et variée : frênes, érables, robiniers, ainsi qu'ancolies des bois, épilobes de montagne et compagnons blanc.
Enfin, le Jardin d'Essences est un terrain d'expérimentation dédié à la biodiversité locale : gites à animaux, prairies fleuries, création d'un rucher…

Pratique

- **Marchés :** marché Senghor les mer. en journée et sam. matins ; les jeu. après-midi, place de l'Orme à Martin ; et les sam. matins, place Guy Briantais.
- **Hôtel de ville :** Place des Droits de l'Homme et du Citoyen ✆ 01 69 36 66 66 www.evrycourcouronnes.fr

CLAYE-SOUILLY

12 300 HABITANTS

Aux portes de la Brie, Claye-Souilly est un véritable écrin de verdure. Entre espaces verts, forêt et parcs, la commune a su mettre en valeur son patrimoine végétal. Les berges du canal de l'Ourcq offrent un lieu de promenade très prisé et un chemin de halage entièrement piéton. Le parc Papillon de la Prée offre une belle variété de végétaux (robiniers et arbustes, cerisiers, pruniers, poiriers…), ainsi qu'une ferme pédagogique.

© GEOFFREY SABAT - SHUTTERSTOCK.COM

Canal de l'Ourq à Clayes-Souilly.

Pratique

- **Fleur d'Or (2015).**
- **Prix de la mise en valeur du végétal dans l'espace public (2019).**
- **Le marché hebdomadaire** a lieu tous les sam. matins, place Charles-de-Gaulle.
- **Mairie :** Allée André-Benoist.
✆ 01 60 26 92 00 – www.claye-souilly.fr

GAGNY

40 189 HABITANTS

Ancien hameau de paysans et vignerons, Gagny est une ville verte où la nature est omniprésente. On y découvre un patrimoine naturel préservé : le Jardin écologique et son labyrinthe pédagogique de plantes mellifères ; le square vallonné de l'Hôtel de Ville ; ou encore l'arboretum du Parc forestier du bois de l'Étoile qui abrite plus de 550 arbres de 200 espèces différentes.

Pratique

- **Fleur d'Or (2018).**
- **Les marchés :** les mer. ven. et dim. matins, place du Général de Gaulle ; jeu. et sam. matins, quartier du Chénay.
- **Mairie :**
1, esplanade Michel Teulet.
✆ 01 56 49 22 05 – www.gagny.fr

MOUSSY-LE-NEUF

3 187 HABITANTS

Au cœur de la vallée de la Beuvronne, Moussy-le-Neuf se découvre dans un écrin de verdure et de champs au croisement de la Seine-et-Marne, du Val-d'Oise et de l'Oise. Ce petit village rural possède notamment un patrimoine boisé riche, comme en témoigne le bois de Saint-Laurent. Les 3 parcs de la commune sont reliés entre eux par des chemins piétons : le parc de l'Étang, de la Biberonne, de la Fontaine des Bries.

Pratique

- **Le marché hebdomadaire** a lieu les 1ers sam. du mois, place Charles de Gaulle.
- **Mairie :** Place Charles de Gaulle.
✆ 01 60 03 42 38
www.moussy-le-neuf.fr

LEVALLOIS-PERRET

66 390 HABITANTS

Sur la rive droite de la Seine, Levallois-Perret a été construite par Napoléon III en 1866. Petite ville au riche passé industriel, elle possède toutefois un important patrimoine végétal avec 44 hectares d'espaces verts, 8 parcs et 18 squares. Le végétal y est ainsi présent tout au long de l'année et offre un cadre de vie des plus agréables à ses habitants. Les berges de Seine offrent de belles promenades, autrefois prisées par les peintres impressionnistes.

© KEVIN NIRSIMLOO - STOCK.ADOBE.COM

L'île de la Jatte à Levallois-Perret.

LE PARC COLLANGE

Un endroit paisible où l'on découvre les 5 continents, en passant les portes des différents espaces thématiques : l'Asie avec pagode, érables et cerisiers japonais ; l'Amérique avec des monuments et une forêt d'arbres gigantesques tels que cyprès de Louisiane ou chênes rouges ; l'Océanie avec portes Moaï ; l'Afrique et ses gardes Masaïs protégeant la savane…

L'ÎLE DE LA JATTE

C'est en empruntant une passerelle qui enjambe la Seine que l'on découvre un magnifique jardin de plantes mellifères et ses 24 ruches. Des visites guidées, animées par la Ligue de protection des oiseaux, permettent d'en apprendre plus sur ce lieu.

LE PARC DE LA PLANCHETTE

Au cœur de la ville, on y découvre de très beaux arbres anciens, une roseraie en palmes, des parterres à la française, ou encore des essences variées : tulipier de Virginie, Sophora du Japon, Ginkgo d'Extrême-Orient…

Pratique

- **Fleur d'Or (2016 et 2022).**
- **Prix de la créativité paysagère et florale (2019).**
- **Les marchés :** les mar. ven. et dim. matins, marché Henri Barbusse ; mer. et sam. matins, marché Jean-Zay ; et sam. matins, marché Europe.
- **Mairie :** Place de la République.
  ✆ 01 49 68 32 65
  www.ville-levallois.fr

LIVRY-GARGAN

45 692 HABITANTS

Fondée autour de l'Abbaye Notre-Dame-de-Livry où séjourna autrefois Madame de Sévigné, Livry-Gargan offre le patrimoine naturel le plus important du département. Le parc Lefèvre et son jardin pédagogique, le lac de Sévigné où découvrir une réserve ornithologique, ou encore le cèdre du Liban datant de 1750 sont de véritables vestiges de l'histoire de cette ville verte par nature.

© HANANEB - SHUTTERSTOCK.COM

Parc Lefèvre à Livry-Gargan.

Pratique

- **Les marchés :** les jeu. et dim. matins, boulevard Chanzy ; les mer. et sam. matins, place de la Libération.
- **Hôtel de ville :** 3, place François Mitterrand. ✆ 01 41 70 88 00 www.livry-gargan.fr

MAISONS-ALFORT

56 483 HABITANTS

Aux portes de Paris, la cité royale de Maisons-Alfort oscille entre patrimoine bâti remarquable et espaces verts bien entretenus. Particulièrement investie en faveur du développement durable et de la protection de l'environnement, on y découvre toujours plus de nature en ville : les bords de Marne ; le parc de Vert-de-Maisons et sa serre pédagogique ; le square de l'Artificier François, ses arbres remarquables et éléments ornementaux des années 1930…

Pratique

- **Fleur d'Or (2016)**
- **Prix de la reconquête écologique du cadre urbain (2019).**
- **Les marchés :** les mar. ven et dim. matins, marché du Centre ; mer. et sam. matins, marché de Charentonneau ; mer. et sam. matins, marché du Vert-de-Maisons.
- **Hôtel de ville :** 118, avenue du Général de Gaulle. ✆ 01 43 96 77 00 www.maisons-alfort.fr

© BENSLIMAN HASSAN - SHUTTERSTOCK.COM

Quartier de Charentonneau à Maisons-Alfort.

MEAUX

56 249
HABITANTS

Entre les boucles de la Marne et les canaux de l'Ourcq et de Chalifert, Meaux offre à ses visiteurs un retour au Moyen Âge : remparts gallo-romains, palais épiscopal, cathédrale gothique… C'est une ville verte tournée vers la nature qui a fait de la préservation de l'environnement et de la biodiversité, sa priorité : jardins bio et partagés du quartier Saint-Faron, parterres fleuris, murs végétaux, îlots de verdure…

LES JARDINS

Le jardin Bossuet est un bel exemple de la tradition du jardinage du Grand Siècle, avec une forme symétrique qui évoque une mitre d'évêque. D'après une légende locale, il serait l'œuvre du jeune André Le Nôtre. Au fond, l'escalier permet de rejoindre la terrasse du jardin des Remparts et ses jardins à la française.
Petit paradis végétal qui surplombe la Marne, les jardins et terrasses de Germigny-l'Evêque sont insérés dans un parc boisé aux portes de la ville. On y découvre de vieux murets, perrons et escaliers d'époque.

LE PARC DU PÂTIS

Plus grand parc naturel urbain d'Île-de-France, c'est un véritable poumon vert au cœur de la ville où l'on découvre de magnifiques paysages : étangs, bords de Marne, prairies fleuries, grandes roselières, espaces boisés… ainsi qu'une faune et une flore très riches.

Pratique

- **Prix de la mise en valeur du végétal dans l'espace public (2019).**
- **Les marchés :** les mar. ven. et dim. matins, en centre-ville ; ven. et dim. matins, marché Beauval ; et jeu. matins, quartier Dunant.
- **Hôtel de ville :**
Place de l'Hôtel de Ville.
✆ 01 60 90 97 00
www.ville-meaux.fr

© ALEX - STOCK.ADOBE.COM

Parc du Pâtis à Meaux.

MELUN

41 000 HABITANTS

Autrefois surnommé la « Lutèce de la Brie » en référence à son développement sur l'une des îles de la Seine, Melun est une ville verte qui offre tous les charmes de de la province. Le patrimoine boisé de la ville se découvre notamment en déambulant dans le parc aux conifères qui dispose d'une collection de différentes espèces (*Taxus, Taxodium, Ginkgo Biloba*), ou en admirant le majestueux noyer hybride dans le parc Debreuil.

© AUFORT JÉROME - STOCK.ADOBE.COM

Melun.

Pratique

- **Prix de l'action éducative et pédagogique (2016)**
- **Les marchés :** les mer. et sam. en centre-ville ; jeu. matins, rue du Colonel Picot ; et dim. matins, place de l'Ermitage.
- **Hôtel de ville :** 16, rue Paul Doumer. ✆ 01 64 52 33 03 www.ville-melun.fr

LE PLESSIS-ROBINSON

29 390 HABITANTS

Autrefois Plessis-Raoul ou Plessis-Piquet, Le Plessis-Robinson doit son nom au personnage de Robinson Crusoé suite à l'implantation de guinguettes dans les arbres au début du XXe siècle. La ville offre une abondance de verdure, entre parcs, jardins, étangs et promenades, pour près d'un tiers du territoire constitué d'espaces verts et autres prairies fleuries.

Pratique

- **Fleur d'Or (2014 et 2021)**
- **Les marchés :** les mar. ven. et dim. matins, place de la Libération.
- **Mairie :** 3, rue de la Mairie. ✆ 01 46 01 43 21 www.plessis-robinson.com

© SEBASTIEN RABANY - STOCK.ADOBE.COM.JPEG

Le Plessis-Robinson.

MEUDON

46 000 HABITANTS

Sur les hauteurs ouest de Paris, Meudon est une ville très boisée. Elle offre un patrimoine naturel d'importance avec une forêt domaniale, des étangs et des arbres remarquables, dont 2 000 plantés en plateau-rideau. C'est également une ville chargée d'histoire, où l'on peut découvrir les vestiges d'un château du XVIIe siècle, la villa des Brillants, l'atelier d'Auguste Rodin, ou encore la maison de l'architecte Bloc.

© CATHERINE FOURNERON - STOCK.ADOBE.COM

Forêt de Meudon.

LA FORÊT DOMANIALE

La moitié du territoire de la commune est couvert par la forêt domaniale de Meudon, protégée depuis 1965 par l'Office national des forêts. Elle est parsemée de nombreux étangs, de sentiers aménagés et d'un parcours sportif.

LA MAISON DE LA NATURE GRAND PARIS SEINE OUEST

La Maison de la Nature tend à éduquer et à sensibiliser les visiteurs à l'environnement et au développement durable. De nombreuses activités (sorties naturalistes, ateliers...), et expositions y sont organisées, en gratuité pour les habitants et élèves de la communauté de communes.

Pratique

- **Les marchés :** les mar. ven. et dim. matins, marché de Maison Rouge ; mer. et sam. matins, marché de Bellevue ; mar. ven. et dim. matins, marché de Meudon-la-Forêt.
- **Hôtel de ville :** 6, avenue Le Corbeiller. ✆ 01 41 14 82 00 www.meudon.fr

PUTEAUX

44 905 HABITANTS

À l'ouest de Paris, Puteaux s'étend des berges de la Seine aux tours de la Défense. Avec un riche passé industriel, la ville offre également de beaux espaces, ainsi que 44 parcs et jardins : le Jardin des Vignes et ses 170 ceps de vignes de cépage Chardonnay ; le Parc Lebaudy, sur l'île de Puteaux, et sa roseraie de 1 600 pieds de roses de 196 variétés différentes ; ou encore le Naturoscope, un espace pédagogique dédié à l'environnement.

Pratique

- **Les marchés :** les mer. et sam. matins, avenue du Général de Gaulle ; et jeu. et dim. matins, rue Eugène Eichenberger.
- **Mairie :** 131, rue de la République. ✆ 01 46 92 92 92 www.puteaux.fr

RUNGIS

5 705 HABITANTS

Principalement connue pour son marché de produits frais, Rungis est également une ville à taille humaine où il fait bon vivre. On y découvre ainsi de nombreux parcs et jardins bien entretenus, de belles allées piétonnes qui relient le centre-ville, ou encore un tilleul bicentenaire, classé Arbre Remarquable, dans le parc de la mairie. La plaine Montjean, vaste champ près d'Orly, a notamment été réaménagée avec 2 km de voies vertes.

Pratique

- **Prix national de l'Arbre (2014).**
- **Le Marché International de Rungis** est le plus grand marché du monde, avec 230 ha de superficie ouvert aux professionnels.
- **Hôtel de ville :** 5, rue Sainte Geneviève. ✆ 01 45 12 80 00– www.rungis.fr

SOISY-SOUS-MONTMORENCY

18 406 HABITANTS

Située entre les rives du lac d'Enghien et la forêt domaniale de Montmorency, Soisy-sous-Montmorency offre une place importante au végétal sur son territoire. On y découvre de jolis parcs et jardins bien entretenus, tandis que le décor floral de la ville est imaginé comme un clin d'œil à son passé rural et intègre d'anciens vestiges et autres matériels agricoles dans ses massifs.

Pratique

- **Prix des jardins familiaux collectifs (2018).**
- **Les marchés :** les mer. ven. et dim matins, en centre-ville.
- **Hôtel de ville :** 2, avenue du Général de Gaulle. ✆ 01 34 05 20 00 www.soisy-sous-montmorency.fr

RUEIL-MALMAISON

79 713 HABITANTS

Ville impériale, Rueil-Malmaison est une commune chargée d'histoire au patrimoine naturel très riche : la forêt domaniale de Malmaison, le vallon des Gallicourts, les berges de Seine et ancien chemin de halage, un parc naturel urbain, des vignes municipales… À noter : la première collection de roses a été créée par l'Impératrice Joséphine au sein du château, à admirer dans la roseraie du parc de l'Amitié.

Pratique

- **Les marchés :** les mer. et sam. matins, marché du centre-ville ;mar. et ven. matins, marché de Buzenval ; mer. et dim. matins, marché des Godardes ; dim. matin, marché Marcel Noutary ; et sam. matins, marché Michel Ricard.
- **Hôtel de ville :** 13, boulevard Foch.
✆ 01 47 32 65 65
www.villederueil.fr

© PACKSHOT - STOCK.ADOBE.COM.JPEG

Parc du château à Rueil-Malmaison.

SAINTE-GENEVIÈVE-DES-BOIS

36 140 HABITANTS

Entre ville et nature au cœur de l'agglomération parisienne, Sainte-Geneviève-des-Bois est construite sur l'ancienne forêt de Sequigny. Cette commune dynamique offre un fleurissement de qualité qui met en valeur un patrimoine architectural remarquable. Le végétal est au cœur de la ville où rues, places, cours d'écoles et cimetières sont végétalisés, tandis que de nombreux arbres ont été plantés pour rafraîchir l'espace public.

LES PARCS

La ville offre de beaux parcs où il fait bon se balader, tels que le parc Pierre avec château, ferme et parc animalier ; le parc Penafiel, véritable écrin de verdure ; le parc des Mares Yvon et ses coulées vertes ; ou encore le parc Pablo Néruda et sa grande variété de plantes. La promenade de l'Orge est un parc naturel d'une superficie de 26 ha, lieu privilégié pour la détente, les activités sportives et les loisirs.

Pratique

- **Prix national de la reconquête écologique du cadre urbain (2022).**
- **Prix de la diversité végétale (2019).**
- **Les marchés :** les sam. matins, marché de la Gare ; ven. et dim. matins, marché du Donjon.
- **Hôtel de ville :** Place Roger Perriaud.
✆ 01 69 46 80 00
www.sgdb91.com

VERSAILLES

86 686 HABITANTS

Ah, Versailles… Autrefois capitale du royaume du Roi-Soleil et symbole de son faste, la ville est connue dans le monde entier pour son château, ses splendides jardins imaginés par Le Nôtre et son parc, tous deux classés au patrimoine mondial de l'UNESCO. Ville-nature par excellence, elle offre à ses visiteurs un patrimoine végétal unique à découvrir grâce à l'un des nombreux itinéraires de mobilités douces.

UN FLEURISSEMENT SAISONNIER

Tous les ans, les services de la ville proposent des thématiques, consultables en ligne, pour la création des 16 800 m² massifs et parterres communaux. Qu'ils soient imaginés autour d'un thème de couleurs ou d'une fleur en particulier, ils s'accordent parfaitement avec l'espace urbain. 80 % des plantes utilisées sont vivaces, rehaussées de plantes annuelles et bisannuelles, ainsi que des bulbes gardés en terre pour une période de 13 ans.

DES MURS FLEURIS

Afin d'inciter les habitants à participer au fleurissement de la ville, ils sont invités à fleurir les pieds de murs devant leurs façades et à en assurer l'entretien. Des sachets de graines sont également distribués pour fleurir ces micro-parcelles selon le cahier des charges municipal.

UN PATRIMOINE ARBORÉ REMARQUABLE

Avec 39 espèces d'arbres sur le territoire, 8 000 arbres d'alignement et 19 800 arbres au total sur la ville, Versailles est une ville particulièrement verte. La taille est effectuée une fois par an pour garder l'harmonie avec les alignements du château, tandis que les jeunes pousses servent de paillage ou de compost.

Pratique

- **Prix national du développement durable (2022).**
- **Les marchés :** mar. ven. et dim. Carrés Notre-Dame ; jeu. et sam. Saint-Louis ; mer. et sam. Porchefontaine ; sam. Jussieu-Montreuil.
- **Hôtel de ville :** 4, avenue de Paris. ✆ 01 30 97 82 82 www.versailles.fr

© ALVYDAS - STOCK.ADOBE.COM

Jardins du château de Versailles.

VÉLIZY-VILLACOUBLAY

FLEUR D'OR
Villes et Villages Fleuris
2024

Les anciennes seigneuries de Vélizy, de Villacoublay et des Ursines faisaient autrefois partie du domaine royal. Encerclée par la forêt domaniale de Meudon, Vélizy-Villacoublay dispose d'un territoire aux multiples facettes. La trame végétale change au fil des saisons et se découvre au travers des différents espaces verts de la commune, dont le mobilier urbain est imaginé pour se fondre dans le paysage.

22 836 HABITANTS

© VILLE DE VÉLIZY-VILLACOUBLAY

La végétation du quartier Louvois au printemps.

LE PARC DE LOUVOIS

A cet endroit, on ne trouvait qu'une dalle de béton de 20 000 m² il y a encore quelques années. Celle-ci a depuis été supprimée et remplacée par plus de 13 000 m² d'espaces verts où l'on découvre un théâtre de verdure, un bassin, des allées fleuries et un square.

DES ORCHIDÉES SAUVAGES

Depuis 2018, Vélizy-Villacoublay recense 4 variétés d'orchidées sauvages sur son territoire (*Ophrys apifera, Epipactis helleborine,* et *Anacampsis pyramidalis*), dont la dernière espèce a été découverte en juin 2021 : *Himantoglossum hircinum,* ou *Orchis bouc.* Une centaine d'orchidées sont ainsi disséminées dans les massifs, prairies et pelouses de la ville.

Pratique

- **Prix de la reconquête écologique du cadre urbain (2021).**
- **Les marchés :** les mer. et sam. matins, avenue du Général de Gaulle ; ven. et dim. matins, avenue de Savoie.
- **Hôtel de ville :** 2, place de l'Hôtel de ville. ✆ 01 34 58 50 00 www.velizy-villacoublay.fr

Cathédrale d'Évreux.

© DIDIER LAURENT - STOCK.ADOBE.COM

NORMANDIE

Divisée en 5 départements que sont le Calvados, l'Eure, la Manche, l'Orne et la Seine-Maritime, la Normandie recense plus de 3 millions d'habitants. Du Tréport jusqu'au Mont-Saint-Michel, en passant par Le Havre, Caen ou encore Deauville-Trouville, la région offre de beaux panoramas, entre falaises de craie blanche et les eaux de la Manche en toile de fond. Entre espaces naturels remarquables, villages à l'architecture typique (ardoises, toits de chaume…) et stations thermales, la région offre également des sites d'exceptions classés au patrimoine mondial de l'UNESCO que sont, par exemple, les plages du Débarquement.

CABOURG

3 563 HABITANTS

Au cœur du pays d'Auge, Cabourg est une jolie petite station balnéaire de la côte Fleurie. La commune possède un environnement naturel préservé au patrimoine végétal exceptionnel, entre plages de sable fin et nombreux espaces verts. Le long de la plage, la promenade Marcel Proust est composée de parterres fleuris saisonniers, accompagnés de végétaux résistants aux embruns.

© ARNAUD GAULUPEAU - STOCK.ADOBE.COM

Cabourg.

LES JARDINS DE L'HÔTEL DE VILLE

Ces jardins rassemblent des végétaux remarquables par leur développement (platanes centenaires) et par leur originalité (Tulipier de Virginie, Parrotia de Perse, Fremontia de Californie, Lilas des Indes).

LES JARDINS DU CASINO

C'est l'endroit idéal pour admirer roses trémières, mufliers, lupins, dahlias, sauges, tabacs et autres impatiens. On y découvre également des plantes aromatiques (telles que l'aneth graveolens ou le fenouil vulgare) et des plantes potagères.

Pratique

- **Les marchés :** les mer. et dim. matins sur le parking des Halles.
- **Hôtel de ville :** Place Bruno Coquatrix. ✆ 02 31 28 88 88 www.cabourg.net

BAGNOLES-DE-L'ORNE

2 732 HABITANTS

Bagnoles-de-l'Orne est une station thermale qui doit sa réputation à son eau aux vertus légendaires, revigorantes et bienfaitrices. Son histoire est étroitement liée à la forêt des Andaines et aux chevaliers de la Table Ronde, à découvrir via le sentier pédestre qui regorge d'arbres remarquables, sites naturels insolites et pierres mystérieuses. Un passage à l'arboretum du château de la Roche-Bagnoles permet également d'admirer 168 essences différentes, dont de nombreux séquoias.

Pratique

- **Les marchés :** les mer. et ven. matins en contrebas du château.
- **Mairie :** Allée Aloïs Monnet. ✆ 02 33 30 73 73 www.ville-bagnolesdelorne.com

CAEN

107 250
HABITANTS

Caen, surnommée la « ville aux 100 clochers », accueille de nombreuses églises, abbayes et abbatiales, dont certains chefs-d'œuvre de l'art gothique. La ville était autrefois un site d'importance au Moyen Âge comme en témoigne encore son château, l'une des plus vastes enceintes médiévales d'Europe. Elle est également réputée pour ses nombreux espaces verts et regorge de sites naturels à découvrir.

LE PARC FLORAL DE LA COLLINE AUX OISEAUX

Inauguré en juin 1994 à l'occasion du 50e anniversaire du Débarquement, on y découvre une roseraie, un labyrinthe végétal, et de nombreux jardins thématiques.

LES CHARTREUSES

Au cœur du parc Claude Decaen, sur la rive droite de l'Orne, ces chambres de verdures sont ceinturées de haies d'ifs et abritent des plantes vivaces et des bulbes organisés par couleurs.

DE BELLES COLLECTIONS

Le jardin botanique du Jardin des Plantes est le 4e plus ancien de France. Il abrite notamment 4 collections nationales reconnues par le Conservatoire des Collections Végétales Spécialisées : Peperomia, Rhipsalis, Sanseveria et Cryptanthus ; ainsi qu'une collection de la flore normande et de plantes médicinales et tinctoriales.
Sur une ancienne prairie naturelle, la Vallée des Jardins abrite plusieurs types de végétation, allant de l'arboretum aux pelouses rustiques avec parcours de disco-golf.
Véritable réserve naturelle au cœur de la ville, la Prairie constitue un grand réservoir de biodiversité et corridor écologique, avec 200 espèces d'oiseaux qui la survolent parmi lesquels de nombreux migrateurs.

Pratique

- **Prix national de l'Arbre (2024).**
- **Les marchés :** mar. rue de Bayeux et Grâce-de-Dieu ; mer. Calvaire-Saint-Pierre et Venoix ; jeu. La Guérinière et Chemin Vert ; ven. Saint-Sauveur ; sam. boulevard Leroy, Pierre-Heuzé et Saint-Paul ; et dim. Saint-Pierre.
- **Hôtel de ville :** Esplanade Jean-Marie. Louvel ✆ 02 31 30 41 00 – www.caen.fr

© THOMAS FAULL - ISTOCK.COM

Hôtel de Ville de Caen.

CHERBOURG-EN-COTENTIN

78 549 HABITANTS

Au cœur de la plus grande rade artificielle d'Europe, Cherbourg-en-Cotentin offre un patrimoine vert remarquable, entre plages, cours d'eau et espaces naturels. Son climat océanique tempéré favorise notamment les plantations exotiques, dont bon nombre ont été rapportées par les marins-jardiniers lors d'expéditions scientifiques aux XVIIIe et XIXe siècles.

UN JARDIN PUBLIC

Créé en 1887 sur le site d'un ancien ermitage, il s'est enrichi d'essences nouvelles, d'un parc animalier et d'une roseraie normande où l'on trouve 67 variétés du XIXe siècle.

DEUX JARDINS BOTANIQUES…

Avec 6,5 ha de verdure, le parc de la Roche Fauconnière est un véritable observatoire de la nature, avec ses 2 500 espèces végétales et ses nombreux biotopes.
Fondé en 1872 par la société d'horticulture de la ville, le jardin botanique de la rue Montebello offre quant à lui de nombreuses plantations exotiques, ainsi qu'un chalet de briques à poutres apparentes du style XIXe siècle.

… ET REMARQUABLES

Recréé par le Vicomte René de Tocqueville, le parc du château des Ravalet est un subtil mélange entre un jardin à l'anglaise et à la française. Un endroit tout en couleurs et en parfums, à découvrir au gré de pièces d'eau, de massifs et d'arbres magnifiques. Pour admirer des plantes et arbres exotiques rapportés d'Amérique du Sud par les explorateurs, ou découvrir des serres abritant une forêt tropicale et un désert de cactus, c'est au parc Emmanuel Liais qu'il faudra se rendre.

Pratique

- **Prix national de l'action éducative et pédagogique (2022).**
- **Prix de la protection des espaces naturels (2019).**
- **Le marché hebdomadaire** a lieu tous les jeu. matins, place de Gaulle.
- **Hôtel de ville :** 10, place Napoléon. ✆ 02 33 08 26 00 – www.cherbourg.fr

© HUANG ZHENG - SHUTTERSTOCK.COM

Basilique Sainte-Trinité de Cherbourg.

EU

6 612 HABITANTS

Entre Baie de Somme et Normandie, Eu est une ville de caractère au passé historique remarquable. Ancienne cité royale, elle est idéalement située entre mer et forêt. Le parc du château est un véritable écrin de nature en plein centre-ville, où découvrir une roseraie ancienne, des jardins à la française, et quelques spécificités botaniques : hêtres, rhododendrons et azalées importés d'Angleterre ; collections de conifères achetés à l'exposition universelle de 1870…

Pratique

- **Prix national de l'Arbre (2023).**
- **Prix « Station Verte » (2016).**
- **Le marché hebdomadaire** a lieu tous les ven. matins, en centre-ville.
- **Hôtel de ville :** 18, rue Jean Duhornay. ✆ 02 35 86 44 00 – www.ville-eu.fr

ÉVREUX

46 349 HABITANTS

Reconstruite après la Seconde Guerre mondiale, Évreux arbore toujours de nombreux vestiges historiques : remparts gallo-romains, cathédrale gothique Notre-Dame, le dernier beffroi de Normandie, ou encore l'Hôtel de Ville, ancien château des comtes d'Évreux. Bordée de grands massifs forestiers et de coteaux calcicoles, c'est une ville-nature qui cultive son patrimoine vert avec beaucoup de soin.

DES SITES CLASSÉS

La commune est bordée de grands massifs forestiers et de coteaux calcicoles, tels que les coteaux de Saint-Michel et Nebreville ; ou encore la forêt de la Madeleine, véritable poumon de la ville qui offre de grands espaces aménagés et des allées forestières.

SE METTRE AU VERT

Le parc du château de Trangis, à dominante forestière, est un véritable symbole de gestion respectueuse de l'environnement. Au cœur de la ville, le parc François Mitterrand offre une topographie en pente qui invite à sillonner ses chemins escarpés pour découvrir ses plantations. Le parc de Navarre, quant à lui, est un réservoir de biodiversité ouvert et ceinturé par l'Iton. Enfin, une voie verte a été aménagée en promenade piétonne et cycliste sur l'ancienne voie de chemin de fer.

© ANDRE QUINOU - SHUTTERSTOCK.COM

Cathédrale d'Évreux.

Pratique

- **Les marchés :** mer. et sam. matins en centre-ville ; mar. et ven. matins, place Aimé-Doucerain ; mer. après-midi, place des Peupliers ; les ven. après-midi et dim. matins, place Kennedy ; et dim. matins, place Bertrand du Pouget.
- **Hôtel de ville :** Place du Général De Gaulle. ✆ 02 32 31 52 52 – www.evreux.fr

HONFLEUR

6 733 HABITANTS

Sur la rive sud de l'estuaire de la Seine, Honfleur est une ville portuaire au charme d'antan où se dévoilent de jolies maisons aux façades recouvertes d'ardoises qui inspirèrent de nombreux artistes impressionnistes. Outre son patrimoine culturel et historique remarquable, la ville est également dotée de nombreux espaces naturels et offre une place d'importance aux arbres sur son territoire.

LES JARDINS

Honfleur dispose de la plus grande serre tropicale de papillons de France : un magnifique espace dédié aux plantes tropicales de toutes sortes : orchidées, bougainvilliers, oiseaux de paradis, vanille… Tous les ans, le jardin public à l'anglaise est le théâtre du salon « Passionnément jardin », lieu de rencontre pour les passionnés. Enfin, le jardin des Personnalités est l'occasion d'admirer 22 bustes de personnalités liées à la ville, comme Michel Serrault ou Charles Baudelaire.

UN ENVIRONNEMENT NATUREL DIVERSIFIÉ

Depuis la plage, plusieurs espaces naturels d'exception se dévoilent aux visiteurs : la dune, les bois et bosquets humides, et la roselière. Ils sont tous protégés et abritent chacun une avifaune spécifique.

Petit fleuve de 9,6 km, la Claire termine sa course dans le Vieux-Bassin de la ville. C'est une véritable pouponnière à poissons, et l'on observe notamment des anguilles et des truites fario qui remontent le cours d'eau pour frayer.

Pratique

- **Le marché hebdomadaire** a lieu tous les sam. matin, place Sainte-Catherine.
- **Hôtel de ville :** Place de l'Hôtel de Ville. ✆ 02 31 81 88 00 – www.ville-honfleur.fr

© SAMAEL334 - STOCK.ADOBE.COM

Maisons historiques d'Honfleur.

LYONS-LA-FORÊT

750 HABITANTS

Au cœur d'une forêt domaniale, Lyons-la-Forêt porte bien son nom. C'est l'un de ces petits villages enchanteurs qui a su attirer de nombreux artistes, comme Maurice Ravel ou Paul-Émile Pissarro. Cette ancienne cité royale était également prisée des ducs de Normandie pour sa forêt giboyante propice aux chasses royales. Un véritable écrin de nature à découvrir en se perdant dans ses ruelles végétalisées.

© PACKSHOT - STOCK.ADOBE.COM

Lyons-la-Forêt.

UN DÉCOR DE CARTE POSTALE

Maisons à colombages, en briques roses ou au torchis coloré, toutes sont mises en valeur par la présence du végétal, dans une agréable harmonie de couleurs. De quoi offrir de belles balades aux visiteurs, entre parcours vert et visite du patrimoine.

L'ARBORETUM

Aussi appelé le jardin forestier des Bordins, l'endroit dispose d'une centaine d'essences d'arbres du monde entier, classées par continent ou cultivées en peuplement. Une balade à découvrir au fil de l'année et des couleurs changeantes des feuillages.

Pratique

- **Fleur d'Or (2017 et 2023).**
- **Prix national de la mise en valeur du patrimoine (2020).**
- **Marchés :** jeu., sam. et dim. matins sous la grande Halle.
- **Hôtel de ville :** 20, rue de l'Hôtel de Ville. ✆ 02 32 49 81 71 www.lyons-la-foret.fr

LES HAUTS-DE-CAUX

1 365 HABITANTS

Dans le pays de Caux, Les Hauts-de-Caux est une commune rurale à mi-chemin entre Rouen et Le Havre. Initié il y a plus de 30 ans par des bénévoles, le fleurissement d'Autretot qui s'est depuis développé vient mettre en avant son patrimoine naturel. Une randonnée de 10 km dans le village permet également d'en apprécier toutes les couleurs.

© THIERRY DUBUFFET

L'Hôtel de Ville de de Hauts-de-Caux.

DES ARBRES TYPIQUES

Les alignements d'arbres, principalement des hêtres, sont très présents dans le paysage cauchois. Les clos-masures, ces fermes typiques, sont ainsi entourés de talus d'arbres plantés en levée, et protégés des vents.

DES MASSIFS HARMONIEUX

Les différents massifs du village ont été repensés pour permettre une floraison annuelle. Ainsi, 60 variétés de plantes vivaces et arbustes ont permis de garder une trame verte et fleurie au fil des saisons : vivaces pour l'été et l'automne, arbustes à floraison printanière autour de la mairie, lavandes, azalées, pavots, et autres rosiers.

Pratique

- **Fleur d'Or (2023).**
- **Les Hauts-de-Caux** est une commune nouvelle créée en 2019, après la fusion d'Autretot et Veauville-lès-Baons.
- **Mairie :** 2, allée des Tisserands.
✆ 02 35 95 02 78
www.les-hauts-de-caux.fr

MONTVILLE

4 614 HABITANTS

Au cœur du bocage normand, Montville était autrefois rythmée par les moulins et autres filatures qui bordent les cours d'eau de son territoire : le Cailly et la Clérette. Dans un environnement verdoyant, la commune offre de beaux espaces verts et un plan d'eau avec de nombreuses animations, tout cela mis en valeur grâce aux fleurs qui ajoutent des touches colorées à tous les coins de rue.

Pratique

- **Le marché hebdomadaire** a lieu tous les sam. matins sur le parking Jean-Loup Chrétien.
- **Mairie :**
21, place du Général Leclerc.
✆ 02 32 93 91 00
www.montville.fr

MESNIÈRES-EN-BRAY

943
HABITANTS

Mesnières-en-Bray se découvre dans un paysage bucolique de collines, vallons, terrasses et autres herbages bordés de haies champêtres. La commune met tout en œuvre pour préserver la biodiversité locale. Dans les massifs, les plantes vivaces, bisannuelles et annuelles se mêlent aux plantes potagères comestibles ; tandis que sauges, dahlias, capucines et autres lavatères sont associées aux choux, potimarrons, bettes et betteraves d'ornement.

DES ESPACES NATURELS EXCEPTIONNELS

La côte Saint-Amador est une pelouse sèche typique des rebords de la boutonnière brayonne. On y découvre une grande diversité de végétaux, orchidées, gentiane, phalangère… propice à la prolifération des papillons et autres insectes. Quant à la zone humide communale, c'est une pâture classée Espace Naturel Sensible.

L'AVENUE VERTE

L'axe de randonnée qui relie Paris à Londres traverse le village sur près de 6 km. Une jolie avenue verte réservée à la pratique non motorisée, d'où partent de nombreux circuits de randonnée.

Pratique

- **Fleur d'Or (2021).**
- **Mairie :** 12, Grand'Rue. ✆ 02 35 93 10 14 www.mesnieres-en-bray.fr

© HECKE71 - STOCK.ADOBE.COM

Le château de Mesnières-en-Bray.

PONT-AUDEMER

10 001 HABITANTS

Aux portes du Pays d'Auge et de la côte Fleurie, Pont-Audemer est traversée par la Risle, ce qui lui vaut son surnom de « Petite Venise normande ». Aux détours d'une ruelle médiévale ou le long des canaux, les compositions florales mettent en valeur du patrimoine entre maisons à pans de bois et hôtels particuliers. La forêt domaniale de Montfort est également à découvrir en suivant l'un des nombreux circuits.

Pratique

- **Les marchés :** les lun. et ven. matins en centre-ville.
- **Mairie :**
2, place de Verdun. ✆ 02 32 41 08 15
www.ville-pont-audemer.fr

© ARO49 - STOCK.ADOBE.COM

Pont-Audemer.

PORT-JÉRÔME-SUR-SEINE

10 210 HABITANTS

Au cœur du pays de Caux, Port-Jérôme-sur-Seine sera apprécié des amateurs de tranquillité et de campagne normande. Avec plus de 200 ha de forêt, la commune possède un patrimoine arboré très riche. Le Parc écologique de la Vallée du Telhuet est également un lieu de balade privilégié des visiteurs. Enfin, le fleurissement est de qualité, notamment avec des massifs créatifs et hauts en couleur.

Pratique

- **Prix de la stratégie d'aménagement paysager (2023).**
- **Port-Jérôme-sur-Seine est une commune nouvelle** créée en 2016 après la fusion de Notre-Dame-de-Gravenchon, Auberville-la-Campagne, Touffreville-la-Cable et Triquerville.
- **Le marché hebdomadaire** a lieu tous les mar. et ven. matin, en centre-ville de Notre-Dame-de-Gravenchon.
- **Mairie :** Place d'Isny.
✆ 02 32 84 55 00 – www.pj2s.fr

PONT-L'ÉVÊQUE

4 790 HABITANTS

© SHUTTERSTOCK.COM

Église Saint Michel à Pont-l'Évêque.

Aux portes de la côte normande, Pont-L'Évêque est notamment célèbre pour son fromage à pâte molle et croûte lavée. La commune offre de nombreux espaces verts animés tout au long de l'année, tels que jardin de l'église Saint-Michel, jardin de l'hôtel de ville, jardin des plantes médicinales. Au square de la Touques, on y découvrira une trentaine de variétés d'érables du Japon, des plantes annuelles en parterres et un magnifique alignement de tilleuls.

Pratique

- **Le marché hebdomadaire** a lieu tous les lun. matins, place Foch.
- **Hôtel de ville :** 58, rue Saint Michel. ✆ 02 31 64 00 02 www.pontleveque.fr

SAINT-FRAIMBAULT

568 HABITANTS

Au sud de la Normandie, Saint-Fraimbault est un lieu de villégiature incontournable de la région. Tous les 15 août, le village s'anime pour les « Flories d'Antan » et remonte le temps jusqu'au XXe siècle. Surnommé le « village aux 100 000 fleurs », on y découvre notamment des Drôles de jardins partagés, un gazon fleuri favorisant la biodiversité, ou encore une collection de plantes vivaces.

Pratique

- **Mairie :** Place de l'Eglise ✆ 02 33 38 32 22 – www.saint-fraimbault.com

Promenade dans les rues de Saintes.

© PIERRE VIOLET - STOCK.ADOBE.COM

NOUVELLE-AQUITAINE

Dans la partie sud-ouest du pays, la Nouvelle-Aquitaine recense 6 millions d'habitants répartis sur 12 départements : la Charente, la Charente-Maritime, la Corrèze, la Creuse, la Dordogne, la Gironde, les Landes, le Lot-et-Garonne, les Pyrénées-Atlantiques, les Deux-Sèvres, la Vienne, et la Haute-Vienne.

Entre Pays basque, côte Atlantique, région Bordelaise, Pyrénées, forêts des Landes, marais Poitevin et autres vallées naturelles, la région est multiple et offre de nombreuses possibilités de visite. Sans oublier ses îles aux doux surnoms : l'île de Ré, la « blanche » ; l'île d'Oléron, la « lumineuse » ; l'île d'Aix, l'« authentique » ; l'île Madame, la « préservée »…

ANGOULÊME

41 407
HABITANTS

Située sur un promontoire calcaire qui domine la Charente, Angoulême est surnommée « le balcon du Sud-Ouest ». Connue pour être la capitale mondiale de la bande dessinée, la ville dispose également d'un patrimoine historique remarquable et offre un cadre de vie agréable à ses habitants. Ville d'art et d'histoire, elle est également membre du réseau des villes créatives de l'UNESCO au titre de la littérature.

© LEONID ANDRONOV - SHUTTERSTOCK.COM

Hôtel de Ville d'Angoulême.

LES « POUMONS VERTS »

Disséminés aux quatre coins d'Angoulême, les 20 « poumons verts » de la ville sont autant d'espaces naturels accessibles aux habitants à moins de 5 minutes de chez eux. De quoi se ressourcer, se balader et se rafraîchir dans l'un de ces sites de toutes tailles et formes.

LES VERGERS COMMUNAUX

Depuis 2019, Angoulême a remis en état plusieurs vergers anciens, vestiges de son passé vivrier, tandis que de nouveaux vergers ont été aménagés sur le territoire. Pommiers, poiriers, cerisiers, abricotiers, pruniers… Les habitants peuvent ainsi venir y cueillir leurs fruits.

Pratique

- **Les marchés :** les mar. et ven. matins, avenue de Navarre.
- **Hôtel de ville :** 1, place de l'Hôtel de Ville ✆ 05 45 38 70 00 – www.angouleme.fr

BLANQUEFORT

16 636
HABITANTS

Au nord de Bordeaux, Blanquefort est l'une des portes d'entrée du Médoc. Commune verte à la fois urbaine et rurale, elle tire son nom de l'ancienne forteresse médiévale en calcaire blanc Blanca fortis. Elle a notamment su préserver son patrimoine naturel avec une urbanisation modérée sur les différents espaces du territoire : fleuve, marais, forêt, vignoble, ou encore la vallée maraîchère des Jalles, véritable ceinture verte.

LE PARC DE MAJOLAN

Ce Jardin remarquable très romantique fut aménagé au XIXe siècle sur le marécage du domaine de Dulamon. La Jalle qui s'écoulait là autrefois fut détournée pour créer un lac qui offre de nos jours une belle balade jusqu'aux Grottes de rocailles (fermées au public).

Pratique

- **Le marché hebdomadaire** a lieu tous les sam. matins sous la halle des Colonnes.
- **Hôtel de ville :** 12, rue Dupaty ✆ 05 56 95 50 95 www.ville-blanquefort.fr

BORDEAUX

NOUVEAU 2024

261 804 HABITANTS

Idéalement située entre les plages de l'océan Atlantique, la forêt des Landes et l'estuaire de la Gironde, Bordeaux bénéficie d'un cadre de vie exceptionnel qui attire les touristes. Traversée par la Garonne, la ville offre un fleurissement harmonieux jusqu'à son centre historique, classé au patrimoine mondial de l'UNESCO. Bordeaux est également l'une des métropoles les plus attractives de France.

UNE CHARPENTE VERTE

Les parcs de la ville sont reliés les uns aux autres par une trame bleue et verte qui s'étend sur tout le territoire. Cela permet ainsi de découvrir, au fil d'une balade, le jardin public qui compte des arbres grandioses et des plans d'eau harmonieux ; le jardin des Lumières s'insère sur la promenade des quais où vivaces côtoient arbres fruitiers et légumes ; ou encore les arbres anciens et la collection de chênes d'Amérique, d'Europe ou d'Asie du jardin de la Béchade.

UNE VILLE, DEUX JARDINS BOTANIQUES

Rive gauche, le jardin botanique créé en 1629 se découvre au cœur du jardin public et dévoile des collections de plantes tropicales d'Afrique, des Antilles, d'Asie et d'Amérique.
Rive droite, le 2e jardin botanique de la ville est également le dernier créé en France, en 1997. Il est découpé en 6 paysages : la galerie « des milieux », caractéristique du littoral atlantique ; le jardin aquatique et sa collection de nénuphars… On y trouve également des essences d'arbres originales et de collection, ainsi que des serres regroupant des essences des quatre coins du monde : Chili, Afrique du Sud, Australie, Hespérides…

Pratique

- **Marchés :** voir jours et horaires sur le site de la ville (www.bordeaux.fr/p64037/les-marches-de-bordeaux).
- **Hôtel de ville :** Place Pey Berland
✆ 05 56 10 20 30
www.bordeaux.fr

© SAIKO3P - SHUTTERSTOCK.COM

Jardin public de Bordeaux.

COGNAC

NOUVEAU 2024

18 500 HABITANTS

Dans le Sud-Ouest, Cognac est mondialement connue pour le spiritueux du même nom, produit sur le territoire depuis le XVIIe siècle. Traversé par la Charente, le centre historique s'est développé sur la rive gauche, autour du château des Valois. Berceau de François Ier en son château, le monarque a laissé sa marque sur la ville entre rue, parc et place à son nom.

D'APRÈS LA LÉGENDE…

Situé sur les rives de la Charente, la légende veut que Louise de Savoie ait donné naissance à son royal enfant, François Ier, lors d'une promenade dans le parc qui porte désormais son nom. Le roi serait ainsi né au pied d'un ormeau appelé l'Oumetil.

© NOMADKATE - STOCK.ADOBE.COM

Jardin public à Cognac.

UN PARC CLASSÉ

Le Jardin public, créé par l'architecte paysagiste parisien Edouard André au XIXe siècle, se dévoile selon plusieurs perspectives : grottes, cascades, plans d'eau, kiosque, jardin creux… Avec en point de mire l'Hôtel de Ville au centre de toutes les allées.

Pratique

- **Marchés :** tous les mar. et ven. matins, au Champ de Foire.
- **Mairie :**
68, boulevard Denfert Rochereau
✆ 05 45 36 55 36
www.ville-cognac.fr

HAGETMAU

4 786 HABITANTS

Nichée entre forêt landaise et du piémont pyrénéen, Hagetmau bénéficie d'une situation géographique idéale. Ville verte, elle tire son nom des hêtres que l'on retrouve sur son territoire, comme au square des Cagots indissociable de son histoire. Une balade dans ses rues sera l'occasion d'y admirer parterres et massifs fleuris qui invitent à un voyage de senteurs et de couleurs – notamment grâce aux plants de géraniums offerts aux habitants au printemps.

Pratique

- **Les marchés :** les mer. et sam. matins, place Charles De Gaulle.
- **Mairie :** 50, allées de Turré
✆ 05 58 05 77 77
www.hagetmau.fr

DAX

NOUVEAU 2024

21 000 HABITANTS

Capitale du sud des Landes, Dax est idéalement située entre la côte Atlantique, les Pyrénées et l'Espagne. Bordée par l'Adour et son affluent, la ville est réputée pour la qualité de ses eaux et boues thermales. On y trouve notamment plusieurs espaces classés tels que le parc botanique du Sarrat, ou la chênaie de la vallée du Luy. Ville d'eau, on y dénombre pas moins de 15 fontaines en gestion durable.

TOUT EN SCULPTURES

Une balade le long des berges de l'Adour permet d'observer un chêne vert de 150 ans, des palmiers chinois, un alignement de platanes centenaires, des tilleuls argentés, et autres marronniers et cèdres. À deux pas, le jardin du vignoble landais avec ses sculptures animalières vaut également le détour.

Situé entre le fleuve et les remparts gallo-romains, le parc Théodore Denis dispose de sculptures taurines et d'un kiosque à musique du XIXe siècle, entouré d'une couronne de liquidambars.

DES BALADES LUDIQUES

Au départ de la Maison de la Barthe, le bois de Boulogne offre de belles promenades en pleine nature sur 4 sentiers fléchés pour découvrir la flore et la faune locales : allées de platanes, aulnaie marécageuse, reine-des-prés, angélique des bois, vison d'Europe, oies cendrées, cigognes blanches et chevaux barthais.

Pratique

- **Marchés :** tous les sam. matins, place des Halles ; et dim. matins, place Camille Bouvet.
- **Mairie :** 12, rue Saint Pierre
✆ 05 58 56 80 00
www.dax.fr

© ERIC BASCOL - ISTOCKPHOTO.COM

Kiosque à musique dans le parc Théodore Denis à Dax.

MIMIZAN

7 489 HABITANTS

Nichée au cœur de la forêt des Landes de Gascogne, Mimizan est une station balnéaire importante de la côte atlantique. De nombreuses pistes cyclables et autres sentiers de découverte relient le bourg et la plage, pour le plus grand plaisir des touristes.

© DR

Promenade fleurie à Mimizan.

DES SITES D'EXCEPTION

Son patrimoine naturel et paysager est particulièrement riche, avec notamment 3 sites d'exception : les dunes modernes, le lac de Mimizan-Aureilhan et la rivière côtière. Ces différents espaces laissent voir un écosystème cohérent et diversifié, parfaitement préservé.

L'ÎLE AUX FLEURS

La végétalisation de la ville se découvre au fil des saisons, avec une floraison de myosotis, pensées, primevères, narcisses, jacinthes, arum et autres iris selon les saisons. La promenade fleurie, surnommée « l'île aux fleurs », porte bien son nom puisqu'on y dénombre plus de 400 espèces différentes.

Pratique

- **Fleur d'or (2020).**
- **Le marché hebdomadaire** a lieu tous les ven. matins, derrière la mairie.
- **Mairie :** 2, avenue de la Gare
✆ 05 58 09 44 44
www.mimizan.fr

PAU

75 627 HABITANTS

Véritable ville verte, Pau se trouve au cœur de l'ancienne région du Béarn. Entre plaines et montagnes, la ville offre un magnifique panorama sur les Pyrénées autrefois prisé des souverains de Navarre. Elle dispose d'une grande variété de jardins : médiéval, monastique, romantique, exotique ou encore contemporain.

FIEF DES ROIS DE NAVARRE

Le Domaine national du château est un véritable poumon vert au cœur de la cité paloise : jardins Renaissance, potager carré, la Basse Plante et le parc du château.

LE PARC BEAUMONT

Ce parc abrite de très beaux arbres centenaires : séquoias de Californie, cèdres de l'Himalaya, araucarias d'Argentine et du Chili, arbres de Judée, marronniers d'Inde des Balkans et magnolias.

LE JARDIN DE KOFU

Jardin japonais situé entre le square Besson et la villa Nitot, c'est un havre de paix, où coule un petit torrent. Il se découvre au fil des saisons : les camélias et cerisiers en fleurs au printemps, les azalées l'été et les érables du Japon à l'automne… On y découvre également tout une belle variété végétale tels que hêtres, cyprès, épicéas taillés en bonsaï, ou encore séquoias sempervirens.

LES JARDINS DE L'HÔTEL DU DÉPARTEMENT

Un joli jardin contemporain composé de bassins et canaux qui se déversent les uns dans les autres jusqu'au canal Heïd. Rhododendrons, azalées, camélias, hortensias, graminées et phlox sont à admirer dans ses allées.

Pratique

- **Prix de la valorisation du patrimoine paysager historique (2019)**
- **Le marché hebdomadaire** a lieu tous les sam. matins, place Albert Ier.
- **Hôtel de ville :** Place Royale
✆ 05 59 27 85 80 – www.pau.fr

© DR

Parc Beaumont à Pau.

PÉRIGUEUX

31 642 HABITANTS

Au bord de l'Isle, Périgueux est la capitale historique du Périgord. Ville médiévale aux nombreux vestiges, la commune est façonnée par des ruelles pittoresques, des maisons à pan de bois et des hôtels particuliers aux façades Renaissance. De nombreux lieux de verdure sont disséminés autour des sites gallo-romains, sur les remparts et sur les bords du canal, en parfaite harmonie avec les vieilles pierres.

© M.STUDIO - STOCK.ADOBE.COM

Cathédrale Saint-Front de Périgueux.

LE PARC GAMENSON

Le parc fut acheté par la ville en 1912 pour en faire un théâtre de la nature. On peut y admirer de nombreuses stèles et statues de troubadours (Bertrand de Born, Girault de Borneil).

LES JARDINS

Ancien amphithéâtre devenu jardin public, le jardin des Arènes est inscrit aux monuments historiques en 1840. On y trouve une aire de jeux et un bassin.
Le jardin des Vagabondes, non loin du canal, est un vrai « jardin en mouvement » où l'on découvre une centaine d'espèces végétales, 40 espèces d'insectes, 37 espèces d'oiseaux et 6 espèces de mammifères.

Pratique

- **Prix national de la mise en valeur du patrimoine (2015).**
- **Les marchés :** les mer. et sam. matins, place Saint-Louis ; les mer. matins, esplanade Robert-Badinter ; et ven. matins, place de Verdun.
- **Hôtel de ville :**
23, rue du Président Wilson
✆ 05 53 02 82 00
www.perigueux.fr

ROYAN

19 568 HABITANTS

À l'entrée de l'estuaire de la Gironde, Royan est une station balnéaire réputée de la côte atlantique. Le territoire dénombre de nombreux îlots de verdure avec 20 parcs et jardins publics, pour un total de 170 ha de nature au cœur de la commune. Entre architecture des années 50 et quartiers Belle Époque, la ville offre de beaux paysages que l'on découvre entre un détour au marché, un passage sur le port de plaisance, ou une balade sur ses plages de sable fin.

PARCS ET JARDINS

Le lac de la Métairie, plan d'eau artificiel, offre quelques points de vue permettant d'observer les berges à la recherche d'espèces animales sauvages, dont certaines sont protégées.
Le jardin du Parc est l'endroit idéal pour observer quelques espèces locales : écureuils roux, hérissons d'Europe ou encore chauves-souris ont élu domicile dans ce parc classé refuge LPO.
La Tache Verte, imaginée après les bombardements de 1945, a été aménagée avec de grands arbres de différentes variétés : magnolias, ginkgo biloba, tilleuls…

PROMENADES

Le sentier côtier permet de découvrir les richesses de la ville : estrans sableux et rocheux, faune et flore endémiques du littoral, villas balnéaires, mémorial du Chay…
À proximité du marais de Pousseau, un chemin vert permet de longer des prairies humides jusqu'à la source de la Garenne.

Pratique

- **Fleur d'or (2019).**
- **Prix national de la mise en valeur du patrimoine (2024).**
- **Le marché central,** tous les matins sauf le lundi.
- **Hôtel de ville :**
80, avenue de Pontaillac
✆ 05 46 39 56 56
www.ville-royan.fr

© WILFRIED - STOCK.ADOBE.COM

Coucher de soleil sur la plage de Royan.

SAINT-BENOÎT

7 250 HABITANTS

Saint-Benoît est une jolie ville-jardin irriguée par deux rivières, le Clain et le Miosson. Ici, l'eau est partout et cohabite en harmonie avec les nombreux espaces verts du territoire : les parcs de Strunga, du Gravion, de La Varenne ; les berges et les îles du Clain ; les jardins de Bayou et de Cookham… La Vallée des arbres est un sentier apaisant, propice aux promenades, qui permet de découvrir la richesse du patrimoine végétal local, dont ses 60 arbres remarquables.

Pratique

- **Fleur d'or (2013).**
- **Prix national de mise en valeur du patrimoine (2019).**
- **Le marché hebdomadaire** a lieu tous les sam. matins, place du 8 mai 1945.
- **Mairie :** 11, rue Paul Gauvin ✆ 05 49 37 44 00 – www.ville-saint-benoit.fr

SAINTES

26 401 HABITANTS

Bordée par la Charente, Saintes est une ville historique où il fait bon vivre. Ville de nature et de paysages variés, son centre ancien est particulièrement mis en valeur : l'Abbaye des Dames et son jardin des Moniales aux plantes médicinales ; ou encore les jardins de l'Hostellerie et ses 3 terrasses où se mêlent les emblèmes de la ville (bassins, plantes locales, éléments décoratifs en calcaire).

Pratique

- **Les marchés :** mar. et ven. matins, place du 11 Novembre-Cours Reverseaux ; mer. et sam. matins, place Saint-Pierre ; jeu. matins, place des Câtives ; et marché Saint-Pallais les jeu. et dim. matins.
- **Hôtel de ville :** Square André Maudet ✆ 05 46 92 34 45 – www.ville-saintes.fr

© PIERRE VIOLET - STOCK.ADOBE.COM

Quartier Saint-Pierre et la cathédrale de Saintes.

SAINT-HILAIRE-LES-PLACES

884 HABITANTS

Saint-Hilaire-les-Places se dévoile au cœur du parc naturel régional Périgord-Limousin. Une visite de cette commune vous permettra de découvrir quelques espaces naturels remarquables : la Lande de la Rousseille et ses 5,5 ha de lande à serpentine où observer la floraison de l'Orchis bouffon et de la Scille printanière ; ou encore les carrières de granit où la végétation a repris le dessus sur l'activité humaine.

Pratique

- **Mairie :** 5, rue des Places ✆ 05 55 58 12 08 – www.sainthilairelesplaces.fr

TERRASSON-LAVILLEDIEU

6 234 HABITANTS

Porte d'entrée du Périgord Noir, Terrasson-Lavilledieu est un point névralgique du commerce de la noix et de la truffe. On y découvre notamment bon nombre de topiaires d'ifs et de charmes, ainsi que des broderies végétales de buis qui viennent aménager le territoire avec goût. Sur une colline qui surplombe la ville ancienne, les « jardins de l'Imaginaire » offrent une création contemporaine de 6 ha sur le thème des jardins de l'Humanité.

Pratique

- **Le marché hebdomadaire** a lieu tous les jeu. matins.
- **Mairie :** Espace Charles de Gaulle ✆ 05 53 51 47 00 www.terrasson-lavilledieu.com

THOUARS

13 932 HABITANTS

Située sur un promontoire rocheux dans une boucle de la vallée du Thouet, Thouars était un puissant domaine du Poitou. La ville offre un fleurissement de qualité et une palette végétale variée mettant en valeur son patrimoine architectural : églises romanes, hôtels particuliers, vestiges médiévaux… De nombreux parcs et jardins sont à découvrir : le parc Imbert avec sa jolie cascade et ses massifs de collection, ou encore le parc de la Subilène, véritable transition entre ville et campagne.

Pratique

- **Les marchés :** les mar. et ven. matins, place Lavault.
- **Mairie :** 14, place Saint-Laon ✆ 05 49 68 11 11 www.thouars.fr

Les jardins du musée Toulouse-Lautrec à Albi.

© GERALD VILLENA - STOCK.ADOBE.COM

OCCITANIE

De Toulouse à Montpellier, en passant par Perpignan et Narbonne, l'Occitanie se dévoile sur 13 départements, pour près de 6 millions d'habitants : l'Ariège, l'Aude, l'Aveyron, le Gard, la Haute-Garonne, le Gers, l'Hérault, le Lot, la Lozère, les Hautes-Pyrénées, les Pyrénées-Orientales, le Tarn, et le Tarn-et-Garonne.

Châteaux, vallées naturelles, grottes, gorges, jardins et stations de ski se dévoilent aux quatre coins du territoire. On y découvre également 41 grands sites d'exception, tels que le canal du Midi, le Pont du Gard, le Gouffre de Padirac, le Pic du Midi, les grottes de Lascaux, le paysage de Camargue...

ALBI

51 181
HABITANTS

Classée au patrimoine mondial de l'UNESCO, Albi est une ville empreinte d'histoire où la nature est omniprésente. La ville accorde une grande attention à son patrimoine végétal, comme en témoignent ses parcs et jardins, ainsi que le soin apporté à la protection des oiseaux et des mammifères, ou encore la préservation des insectes...

LE JARDIN DU PALAIS DE LA BERBIE

Installé au niveau des terrasses du palais épiscopal, ce jardin est un écrin de verdure coloré entre la nature sauvage des berges du Tarn et l'austérité des murs de défense du palais. Les broderies de buis sont garnies de fleurs selon la thématique annuelle, tandis que l'on admire des hortensias côté sud et des rosiers grimpants côté galerie.

LE PARC ROCHEGUDE

Parc romantique et paysager, il est composé de quelques essences rares et autres curiosités botaniques : laurier de Californie, magnolia de Yulan, virgilier, faux pistachier, oranger des Osages, chêne à feuilles de châtaignier... Un véritable poumon vert, classé Jardin remarquable.

Pratique

- **Prix de la mise en valeur du patrimoine (2013)**
- **Les marchés** : les jeu. matins sous la halle du foirail du Castelviel ; et sam. matins, place de la Pile, place Fernand Pelloutier, et boulevard de Strasbourg.
- **Hôtel de ville** : 16, rue de l'Hôtel de Ville. ✆ 05 63 49 10 10 www.mairie-albi.fr

© LDGFR PHOTOS - SHUTTERSTOCK.COM

Palais de la Berbie à Albi.

ALÈS

43 492
HABITANTS

Deuxième ville du Gard et capitale des Cévennes, Alès est une ancienne cité minière et ouvrière bâtie dans une boucle du Gardon. La présence du cours d'eau, véritable coulée verte en ville, offre ainsi une grande diversité de faune et de flore à découvrir grâce au sentier pédagogique sur les berges. Entre montagne et Méditerranée, il fait bon se promener à Alès pour découvrir le paysage cévenol.

© D.R

Place Général Leclerc à Alès.

DES COLLECTIONS FLEURIES

En contrebas du Fort Vauban, le parc du Bosquet offre une magnifique allée d'hortensias variés, ainsi qu'une roseraie et des fontaines.

Quant au parc méditerranéen de Conilhères, il s'ouvre sur 3,2 ha d'espace naturel avec une oliveraie d'agrément comptant 12 variétés, une rocaille d'espèces aromatiques méditerranéennes, une plataneraie et un petit verger renaissant.

Pour découvrir un joli jardin d'agrément où pivoines et roses anciennes se côtoient, il faudra se rendre au parc du musée Pierre André Benoît. Tandis qu'en cœur de ville, le parc du Colombier est un petit jardin à la française qui présente une magnifique collection de dahlias.

LE GARDON

La rivière traverse la ville et offre une véritable bulle de nature à découvrir sur près de 6,5 km de berges aménagées. L'endroit idéal pour observer la faune locale : cygnes, canards, hérons, castors, oies...

LES TERRASSES DU BOSQUET

Le jardin ethnobotanique et d'acclimatation du Bosquet est consacré aux études botaniques et offre aux visiteurs une vue d'ensemble sur les méthodes de jardinage d'hier et d'aujourd'hui.

Pratique

- **Fleur d'Or (2020).**
- **Prix des jardins familiaux collectifs (2017).**
- **Les marchés** : lun. matin aux halles de l'Abbaye ; jeu. après-midi esplanade Charles-de-Gaulle.
- **Hôtel de ville** :
9, place de l'Hôtel de ville.
✆ 04 66 56 11 00
www.ales.fr

AUCH

21 943 HABITANTS

Capitale historique de la Gascogne et chef-lieu du département, Auch est une ville au patrimoine culturel riche, partagée en deux par le passage du Gers sur son territoire : la Haute-Ville et sa cité médiévale, et la Basse-Ville en plaine. La commune est engagée dans une démarche constante de valorisation de son patrimoine végétal, mais aussi de préservation et de diversification de son patrimoine arboré.

© BEARFOTOS - SHUTTERSTOCK.COM

Auch.

UN FLEURISSEMENT RAISONNÉ

Développées harmonieusement avec le paysage alentour, les compositions florales, vivaces, arborées ou arbustives d'Auch s'admirent en toutes saisons. De nouveaux arbres ont pu être plantés en ville ces dernières années, afin d'apporter des îlots de verdure là où elle en était dépourvue.

LES PARCS ET JARDINS

La commune offre de beaux espaces à ses visiteurs : le square Jérôme Muzin, petit îlot de fraîcheur dans le cœur historique avec un jardin sec ; le Bois d'Auch, véritable poumon vert à deux pas du cœur de ville ; le Jardin Ortholan avec ses différentes ambiances ; le Parc de l'Hôtel du Département et ses essences rares ; le jardin du Musée imaginé en miroir, avec des rideaux de tilleuls et d'ifs ; ou encore la Promenade Claude Desbons, voie verte sur les berges du Gers.

Pratique

- **Fleur d'Or (2020).**
- **Les marchés** : mar. matin place de la Fontaine ; mer. après-midi rue Racine ; jeu. matin en Basse-Ville ; sam. matin en Haute-Ville.
- **Mairie** : 1, place de la Libération.
✆ 05 62 61 66 00
www.mairie-auch.fr

BÉZIERS

78 308 HABITANTS

© PAWEL GAUL - ISTOCK.COM

Béziers depuis le pont vieux.

Commune la plus étendue de l'Hérault avec ses 95 km² de territoire, Béziers est nichée sur un promontoire surplombant l'Orb et le canal du Midi. Au milieu de la plaine languedocienne, entre mer et montagne, la viticulture est au cœur du patrimoine vert de cette ville au riche passé historique où la nature a toute sa place.

LES PARCS ET JARDINS

La ville possède de nombreux parcs et jardins aux ambiances très différentes : le Plateau des Poètes, jardin remarquable en plein cœur de ville avec plus de 70 espèces botaniques d'essences rares ou exotiques ; le jardin Médiéval et ses plantes médicinales ; le parc de la Plantade où découvrir les moulins Cordier ; ou encore le jardin implanté au sein des arènes, à la palette végétale méditerranéenne variée et colorée.

Pratique

- **Prix de la mise en valeur du patrimoine (2023).**
- **Les marchés** : tous les jours aux Halles de la méditerranée ; mar. matin place Émile Zola ; mer. après-midi place Jean Jaurès ; ven. matin place du 14 juillet.
- **Hôtel de ville** : Place Gabriel Péri.
✆ 04 67 36 73 73
www.ville-beziers.fr

BLAZIERT

132 HABITANTS

Blaziert est une petite commune du Gers dont 96 % du territoire est occupé par des terres agricoles. Perché en haut d'une colline, Blaziert se visite grâce à un sentier de découverte qui permet aux visiteurs de développer leurs connaissances botaniques et architecturales : le chemin des senteurs pour cheminer entre ruisseaux, bois, vignobles et châteaux ; les cadrans solaires en tous genres ; la chapelle de la vierge et ses 5 vitraux gothiques...

Pratique

- **Prix national du jardinier (2017).**
- **Mairie** : 15, rue des Fleurs.
✆ 05 62 28 03 16 - www.blaziert.fr

CAYRIECH

279 HABITANTS

Sur les bords de la Lère, le panorama de Cayriech conjugue roche omniprésente et végétation clairsemée. Véritable écrin de verdure, le fleurissement de la commune fait intervenir une combinaison de plantes annuelles et pérennes qui offre de jolies compositions florales champêtres. Un petit sentier bucolique permet également de découvrir le patrimoine local en longeant la rivière.

Pratique

- **Mairie** : 1, route de Puylaroque. ✆ 05 63 64 97 34

FRAÏSSE-SUR-AGOÛT

346 HABITANTS

Logée à 700 m d'altitude dans les Monts de l'Espinousse, Fraïsse-sur-Agoût se dévoile après une montée sinueuse. Petit village du Parc régional du Haut-Languedoc très marqué par la présence de la forêt et de l'eau, il tire son nom de l'Agout, une jolie rivière limpide, et de fraïsse, frêne occitan. De jolies maisons traditionnelles, ruelles toutes dallées de schiste et fleuries d'une collection de rosiers, spécialité de la commune, y sont à découvrir.

Pratique

- **Prix national de la diversité végétale (2017).**
- **Mairie** : Place de l'église.
✆ 04 67 97 61 14
www.fraissesuragout.fr

LECTOURE

3 665 HABITANTS

Ville étape sur le chemin de Saint-Jacques de Compostelle, Lectoure est réputée pour son patrimoine architectural : les remparts, le château des comtes d'Armagnac, la cathédrale gothique Saint-Gervais… C'est également là que l'on cultive le Bleu de Cocagne. Les nombreux espaces verts de la ville sont bien aménagés, avec différents tableaux floraux changeant au fil des saisons tels que le potager du jardin des marronniers et ses légumes d'hiver et d'été.

Pratique

- **Prix « Station Verte » (2017)**
- **Prix de l'attractivité touristique (2023).**
- **Prix national de la mise en valeur du patrimoine (2020).**
- **Les marchés** : les lun. après-midi à la Halle aux Grains ; et les ven. matins, rue Nationale.
- **Mairie** : Place du Général de Gaulle.
✆ 05 62 68 70 22
www.lectoure.fr

ORDAN-LARROQUE

916 HABITANTS

Sur les bords de l'Auloue, Ordan-Larroque est construite sur un éperon rocheux qui domine la vallée. Ses maisons anciennes et son patrimoine gallo-romain y sont particulièrement bien mis en valeur par un fleurissement harmonieux. Les espaces naturels sont également inventoriés en zones d'intérêt écologique, faunistique et floristique ; et des sentiers pédestres ont été aménagés pour permettre la découverte du territoire.

Pratique

- **Mairie** : 1, place de la Mairie. ✆ 05 62 64 60 09 - www.ordan-larroque.fr

NÎMES

148 000 HABITANTS

© M.STUDIO - STOCK.ADOBE.COM
Les jardins de la Fontaine à Nimes.

Au cœur de l'Occitanie, entre mer Méditerranée et Cévennes, Nîmes attire par son effervescence culturelle. Ancien avant-poste romain, la ville offre également de nombreux vestiges historiques : les Arènes ou la Maison Carrée (classée au patrimoine mondial de l'UNESCO) sont de beaux exemples très bien conservés de ce riche patrimoine architectural, où se mêlent hôtels particuliers, places et musées prestigieux.

LES JARDINS DE LA FONTAINE

Ornés de vases et de statues, ils figurent parmi les premiers jardins publics d'Europe et l'un des plus importants. Ils furent créés au XVIIIe siècle, sur le site antique de la Source qui intègre la Tour Magne et le Temple de Diane.

DES ESPACES NATURELS REMARQUABLES

On dénombre 3 massifs forestiers sur le territoire nîmois : Bazin, les Lauzières, et Font Aubarne. Sur ces 3 sites, 80 ha sont dédiés à la sylviculture : pin d'Alep, pin pignon, cèdre de l'Atlas, cyprès de l'Arizona, sorbier domestique, érable de Montpellier.

Pratique

- **Les marchés** : les mar. Chemin Bas d'Avignon ; mer. Nîmes Ouest Goethe : jeu. Mas de Mingue ; jeu. Jean Jaurès ; et sam. Beausoleil.
- **Hôtel de ville** : 1, place de l'Hôtel de Ville. ✆ 04 66 70 80 71 - www.nimes.fr

PERPIGNAN

121 681 HABITANTS

Entre mer et montagne, Perpignan offre un cadre de vie remarquable, un paysage fleuri et un climat des plus agréables. Ancienne ville fortifiée au patrimoine religieux et architectural bien conservé, elle dispose également de grands parcs périphériques et de nombreux jardins en centre-ville, propices à la détente. Le choix des essences, des ambiances et des scènes paysagères est très bien pensé et prend en compte les contraintes liées à l'usage de l'eau que connaissent les Pyrénées-Orientales depuis plusieurs années. Les réalisations florales sont créatives.

© GOLOVIANKO - STOCK.ADOBE.COM

Quai Sébastien Vauban à Perpignan.

LA TRAME VERTE

La ville s'est dotée d'une charte qui place la nature et la protection de l'environnement au cœur du projet urbain. De nombreuses actions sont ainsi menées par la municipalité : fontaines en milieu fermé, compost, sélection d'espèces peu consommatrices en eau ; et des animations sont mises en place pour sensibiliser les habitants.

LE SQUARE BIR HAKEIM

Implanté sur les anciens fossés des Remparts, c'est une véritable institution verte de la ville. Enrichi de nouvelles allées, on y observe les plus vieux platanes (1809) près de la fontaine Belloch, un Gingko Biloba de 3,80 m de circonférence pour 30 m de haut, et deux palmiers Washingtonia Filifera centenaires de 18 m de haut.

LE PARC SANT VICENS

Pensé pour accueillir petits et grands, sportifs ou simples promeneurs, le parc offre des aires de jeux et une belle collection de végétaux et plantes : roseaux, grandes herbes, tamaris, bosquets d'érables, d'aulnes, de frênes, de peupliers et trembles.

LE JARDIN DES REMPARTS

Au pied de la Citadelle, ce magnifique jardin est exposé au sud et bien abrité. On y découvre une collection remarquable de plantes du Sud telles que le palmier bleu ou le cyprès chauve, ainsi qu'un joli bassin de nénuphars.

Pratique

- **Fleur d'Or (2014).**
- **Les marchés** : marchés du Moulin-à-Vent et Saint-Matin, mer. matins ; marché des Embruns, ven. matins ; marchés Torcatis et Clodion, sam. matins ; et tous les jeu. et dim. matins, place de Belgique.
- **Hôtel de ville** : Place de la loge.
✆ 04 68 66 30 66
www.mairie-perpignan.fr

ROQUES

NOUVEAU 2024

108 HABITANTS

Au cœur de la Gascogne, le petit village de Roques est perché sur une colline et façonné par l'Osse qui traverse la vallée. Ancien castelnau, la ville doit son nom à sa position élevée. Plusieurs chemins de randonnée sillonnent le village et permettent également de découvrir les points d'intérêt alentour : pigeonnier sabot, arboretum du village, et bancs de grès typiques du territoire.

LES PRAIRIES DU NORD DU VILLAGE

Agrémentées de vieux arbres remarquables, on y trouve également une collection de 52 arbres de 28 espèces différentes. C'est un endroit propice à l'évasion et aux promenades, où l'on trouve un terrain de pétanque, une passerelle, une bambouseraie, un garage troglodyte et un lavoir datant de l'époque napoléonienne.

Pratique

- A 40 km de Auch, 60 km d'Agen et à 75 km de Mont-de-Marsan.
- **Mairie :** 6, place de l'Europe. ✆ 05 62 28 54 87

TARBES

43 821 HABITANTS

Ville-carrefour à la confluence des fleuves Adour et Échez, Tarbes est la capitale de la Bigorre. On y découvre un panorama splendide sur les Pyrénées, un patrimoine bâti remarquable et une végétalisation continue tout au long de l'année. Tarbes possède également un patrimoine arboré d'importance et la municipalité en a fait l'une de ses priorités. Les écoliers sont d'ailleurs associés au projet « Reboiser la ville » en parrainant un arbre.

© FANISHOT - STOCK.ADOBE.COM

Jardin Massey à Tarbes.

LES ESPACES VERTS

Tarbes compte de nombreux espaces verts particulièrement bien entretenus : le parc Bel Air de l'ancien château Delon, ses belles courbes et sa grande pelouse centrale ; le jardin Massey, parc paysager connu pour la qualité de ses monuments et son jardin aquatique ; le parc du Haras en plein centre-ville, berceau de la race Anglo-Arabe ; les berges de l'Adour, véritable coin de nature au cœur de la ville dédié à la promenade ; ...

Pratique

- **Le marché hebdomadaire** a lieu tous les jeu. matins, place du Foirail.
- **Mairie** : 1, place Jean Jaurès. ✆ 05 62 44 38 38 - www.tarbes.fr

Tour Lu à Nantes.

© ANGELINA CECCHETTO - SHUTTERSTOCK.COM

PAYS DE LA LOIRE

Avec près de 4 millions d'habitants, les Pays de la Loire offrent une diversité de paysages divisés en 5 départements : la Loire-Atlantique, le Maine-et-Loire, la Mayenne, la Sarthe, et la Vendée. Située à l'ouest du pays, la région est notamment bordée par le golfe de Gascogne. De nombreux lieux d'exception sont à découvrir dans la région : châteaux, abbayes, cités médiévales, la Mine Bleue, 10 jardins d'exception… Le tout couronné par une expérience insolite et historique au Puy du Fou, élu meilleur parc d'attractions du monde.

ANGERS

154 508 HABITANTS

Ancienne capitale de l'Anjou, Angers est une ville active au patrimoine historique d'importance. Fière de ses nombreux parcs et jardins, la ville a mis en place un schéma directeur pour ses aménagements paysagers afin d'adapter les réalisations aux différentes identités paysagères de la commune. La diversité des essences utilisées, la maîtrise de leur utilisation et l'harmonie des couleurs sont des plus appréciables.

© PHOTOFIRES - SHUTTERSTOCK.COM

Château et jardin d'Angers.

LE PARC DE L'ARBORETUM

Au sud de la ville, sur plus de 7 ha, ce parc offre une magnifique collection de chênes, conifères et arbustes. Autour du château, siège du département botanique du Muséum des sciences naturelles, on découvre les trois jardins à thèmes des Ombrages, des Essais, des Cinq Sens. Un véritable havre de paix, entre odeurs, formes, textures, couleurs et jeux de lumière.

LE JARDIN DES PLANTES

Jardin d'étude à l'anglaise créé par la Société botanique, il présente des arbres exotiques et rares, et des compositions estivales. Le tout dans une atmosphère très romantique qui offre une belle balade aux visiteurs et Angevins.

Pratique

- **Fleur d'Or (2016).**
- **Les marchés :** mer. matins, boulevard Allonneau ; ven. matins, place Marcel Vigne ; les mer. et sam. matins, place La Fayette ; et dim. matins, boulevard du Doyenné
- **Hôtel de ville :** Boulevard de La Résistance . ✆ 02 41 05 40 00 www.angers.fr

AUBIGNÉ-SUR-LAYON

372 HABITANTS

Ancienne concession du royaume d'Écosse, Aubigné-sur-Layon est surnommé la « cité des Stuarts ». Un parcours botanique permet notamment de découvrir les différents aménagements fleuris de la ville : le jardin bouquetier de plantes vivaces, le jardin japonais et sa rivière sèche, les charmilles du jardin français, ou les nombreuses collections de plantes esséminées au gré des rues (rosiers, hortensias, sauges, cépages…).

© SEBASTIEN_GAUDARD-2174-ANJOUTOURISME

Aubigné-sur-Layon.

Pratique

- **Aubigné-sur-Layon se trouve dans l'aire d'appellation viticole du Coteaux-du-Layon (AOC).**
- **Prix de la diversité végétale (2014).**
- **Prix du jardinier (2020).**
- **Mairie :** 30, rue Nationale.
✆ 02 41 59 40 19
www.aubignesurlayon.com

AVRILLÉ

15 330 HABITANTS

Entourée par le Brionneau et la Mayenne, Avrillé est une véritable ville-parc aux nombreux espaces verts. Le parc des Poumons Verts, dédié à la pratique sportive, dispose de magnifiques arbres, d'un étang à canards et abrite également le château de la Boissière. D'autres arbres remarquables sont à découvrir sur le territoire : chênes pédonculés et marronniers centenaires, cèdres du Liban, séquoia géant…

© SHUTTERSTOCK.COM

Menhir à Avrillé.

Pratique

- **Les marchés :** mar. matin, quartier Victor Hugo ; mer. matin au Val d'Or ; ven. matin au Bois du Roy ; et le sam. matin en centre-ville.
- **Mairie :** 1, esplanade Hôtel de Ville.
✆ 02 41 37 41 00 – www.ville-avrille.fr

LA BAULE-ESCOUBLAC

16 468 HABITANTS

Station balnéaire appréciée des touristes, La Baule-Escoublac est une véritable ville-jardin qui met en avant un patrimoine naturel exceptionnel : le parc paysager de la Torre, l'endroit idéal pour en apprendre plus sur la faune et la flore sauvages locales, en découvrant sa prairie humide et sa roselière ; la forêt d'Escoublac qui abrite la deuxième plus haute dune de France qui culmine à 55 mètres ; le cimetière-parc avec ses canaux et ses espaces boisés...

© GUILLAUME - STOCK.ADOBE.COM

La Baule.

Pratique

- **Fleur d'Or (2014).**
- **Prix national de l'Arbre (2010).**
- **Les marchés :** tous les mar. et sam. matins, avenue Lajarrige.
- **Hôtel de ville :** 7, avenue Olivier Guichard
  ✆ 02 51 75 75 75
  www.labaule.fr

CARQUEFOU

20 400 HABITANTS

Située dans la vallée de l'Erdre, élue plus belle rivière de France par François 1er, Carquefou était autrefois appréciée des armateurs nantais. De nos jours, le végétal est au cœur de la commune tout au long de l'année. Aux 208 ha de parcs et jardins s'ajoute le vallon du Charbonneau : véritable coulée verte qui structure le territoire, on y découvre un cours d'eau, des prairies humides, mares, boisements, et sentiers de promenade très appréciés.

Pratique

- **Le marché hebdomadaire** a lieu tous les jeu. matins, place Saint Pierre.
- **Hôtel de ville :** Rue de l'Hôtel de Ville.
  ✆ 02 28 22 22 22
  www.carquefou.fr

© AURELIEN CHARRIER - SHUTTERSTOCK.COM

L'Erdre à Carquefou.

CHANGÉ

6 475
HABITANTS

Traversé par la Mayenne, Changé est un joli petit village chargé d'histoire. Au détour des rues, on y découvre un patrimoine historique (château, glacière, lavoirs, fontaine, vierge noire…) et paysager remarquable. Les habitants sont également sensibilisés à la préservation de l'environnement et de sa biodiversité : parcours santé, jardin, vigne et ruches pédagogique, site en écopâturage entretenu par des bénévoles… De quoi faire honneur au label « 4 fleurs ».

© DOMINIQUE VERNIER - STCOK.ADOBE.COM

Jet d'eau à Changé.

PARCS ET JARDINS

Le parc des Ondines abrite une trentaine d'essences d'arbres, dont certains sont centenaires : c'est là que l'on trouve l'un des plus vieux thuyas d'Europe, planté au XVIIe siècle.
Les Jardins en bord de rivière abritent quant à eux une collection de simples, un verger et un bouquetier.

LA GASNERIE

Au cœur du quartier d'habitations, un labyrinthe pédagogique sensibilise les habitants à la biodiversité locale : fleurs, insectes, oiseaux… dont chacun dispose d'un espace propre avec panneaux explicatifs. Une balade haute en couleur à (re)découvrir tous les étés.

LA CHÂTAIGNERAIE

Un magnifique espace boisé de 4 ha où découvrir des arbres remarquables le long d'un sentier labellisé « Sur le Chemin de la Nature », tout en admirant le centre-ville en contrebas.

Pratique

- **Fleur d'Or (2023).**
- **Prix national de la protection des espaces naturels (2020).**
- **Mairie :** 6, rue Christian d'Elva.
✆ 02 43 53 20 82 – www.change53.fr

CHÂTEAU-GONTIER-SUR-MAYENNE

16 858 HABITANTS

Au carrefour de la Bretagne, du Maine et de l'Anjou, Château-Gontier-sur Mayenne est une cité millénaire au patrimoine végétal d'importance : le jardin médiéval de la Source et ses plantes aromatiques et médicinales ; le jardin du Bout du Monde, plus ancien jardin de la ville en bordure de Mayenne, offre une palette florale renouvelée chaque année pour des balades ombragées ; le jardin du cloître Les Ursulines et son pôle culturel ; le jardin anglais et sa pergola de plantes grimpantes ; ou encore le jardin des senteurs face à la Mayenne, et ses 80 variétés de plantes à sentir et à toucher !

© CHRISTIAN MUSAT - SHUTTERSTOCK.COM

Château-Gontier.

Pratique

- **Prix du fleurissement des « jardins familiaux et collectifs » (2013)**
- **Prix de la mise en valeur du patrimoine (2016).**
- **Les marchés :** les jeu. matins en centre-ville ; et les sam. matins dans le faubourg.
- **Hôtel de ville :** 23, place de la République. ✆ 02 43 09 55 55 www.chateaugontiersurmayenne.fr

CHENILLÉ-CHANGÉ

132 HABITANTS

Au bord de la Mayenne et nichée au creux du coteau surplombé par une statue de la Vierge, Chenillé-Changé a su garder son âme de village d'antan, que l'on retrouve notamment dans ses maisons anciennes aux murs de schiste et toits d'ardoises, son moulin ou encore dans le château des Rues inscrit aux Monuments Historiques. On trouve également 3 espaces boisés sur le territoire : le bois des Rues, celui de la Jarié, et celui du Haut-Rocher.

Pratique

- **Chenillé-Changé fait partie de la commune nouvelle de Chenillé-Champteussé,** après son regroupement avec Champteussé-sur-Baconne.
- **Prix national de la valorisation touristique du label (2019).**
- **Mairie :** Le Bourg. ✆ 02 41 95 13 20 www.chenille-champteusse.fr

CHOLET

55 979 HABITANTS

Au confluent des bassins parisien, aquitain et armoricain, Cholet est une ville où vestiges du passé et architecture contemporaine se côtoient en harmonie. C'est également une ville fleurie qui se découvre grâce à ses nombreux parcs bien aménagés. De nombreuses manifestations sont organisées par la municipalité pour sensibiliser ses habitants : fête de l'arbre, vendredi au jardin, fête de l'automne…

LE PARC DE MOINE

Les assemblages arborés captent la lumière et diffusent les ombres en mettant en valeur les couleurs et les textures. Différents circuits de promenade sont possibles grâce à des passerelles qui enjambent la rivière à plusieurs endroits. On y découvre une guinguette au calme, une aire de jeux et une roseraie à l'anglaise.

LE MUSÉE DU TEXTILE

Le jardin du musée abrite une collection unique de plantes tinctoriales et à fibres réparties par couleur (rouge et rose, jaune et orangé, vert, bleu). Une conception qui valorise l'histoire du lieu, avec des haltes ombragées et le lit du Sauvageau.

© DIDIER SAN MARTIN - STOCK.ADOBE.COM

Cholet.

Pratique

- **Fleur d'Or (2019).**
- **Prix de la mise en valeur du patrimoine (2016).**
- **Les marchés :** mar. matins, quartier Clairefontaine ; jeu. matins, quartier Sacré-Cœur.
- **Hôtel de ville :** Rue Saint Bonaventure. ✆ 02 72 77 20 00 www.ville-cholet.fr

COGNERS

185 HABITANTS

Au cœur de la Gâtine mancelle et de la région surnommée le « jardin de la France », Cogners est un petit village rural historique. Son château du XVIIIe siècle a notamment appartenu à la famille d'Alfred de Musset qui venait y passer ses vacances. Aux détours des rues, on y découvre un paysage de bocage vert apaisant et fleuri, traversé par le Tusson.

Pratique

- **Mairie :** 3, rue Freddy Limbosch ✆ 02 43 35 11 02

COULAINES

8 175 HABITANTS

Au cœur de la province historique du Maine, Coulaines se trouve au confluent de la Sarthe et du ruisseau de la Gironde. En centre-ville, le mail des étoiles est un bel exemple de biodiversité : alignement de Gingko biloba, roses blanches, orchidées sauvages, et massifs de vivaces mêlant espèces ornementales, sauvages, aromatiques et médicinales. La ville est également traversée par le Boulevard Nature facilitant l'accès aux sentiers de randonnée.

© GREGORY VALLE - SHUTTERSTOCK.COM

L'église de Coulaines.

Pratique

- **Fleur d'Or (2021).**
- **Le marché hebdomadaire** a lieu tous les sam. matin, rue de la Paix.
- **Hôtel de ville :** Square Weyhe. ✆ 02 43 74 35 35 - www.coulaines.fr

LA CROPTE

220 HABITANTS

Au bord de la Vaige, La Cropte est un charmant petit village fleuri au cœur d'une campagne verdoyante. La nature est omniprésente dans le bourg et offre chemins pédestres, balades dans les bois et randonnées à vélo. Le parc municipal offre de jolis panoramas propices à la détente, dans une ambiance de sous-bois agrémentée de fougères, asplénium scolopendrum, sceaux de Salomon, pulmonaires, acanthes…

Pratique

- **Mairie :** 1, place de l'Église ✆ 02 43 98 43 13 – www.mairie-la-cropte.fr

LA HAYE-FOUASSIÈRE

4 807 HABITANTS

Au cœur du vignoble nantais, La Haye-Fouassière est bordée par le marais de Goulaine et la Sèvre nantaise. Une balade dans le bourg vous permettra de découvrir la collection de roses anciennes et anglaises disséminées dans les massifs. À moins que vous ne préfériez emprunter la voie verte qui sillonne la commune. À noter : c'est là qu'est fabriqué le véritable Petit Beurre de Lu depuis 1986.

Pratique

- **Le marché hebdomadaire** a lieu tous les mer. matins, place Pirmil.
- **Hôtel de ville :** 6, rue de la Gare. ✆ 02 40 54 80 23 www.la-haye-fouassiere.fr

JUVIGNÉ

1 470 HABITANTS

Entouré par les collines du Maine, Juvigné est un joli village aux maisons de granit. Près du jardin du Presbytère, un parcours sensoriel se découvre pieds nus avec plantes aromatiques et médicinales alentour. Dans les rues, le fleurissement des pieds de murs se fait avec des espèces telles que l'érigéron karvinskianus, ou bien verveine polaris et venosa. Les amateurs d'ornithologie se rendront à l'observatoire de l'étang Neuf pour y observer les 150 espèces recensées.

© COMMUNE DE JUVIGNÉ

Parcours sensoriel à Juvigné.

Pratique

- **Prix du développement durable (2021).**
- **Mairie :** 1, place de la Mairie.
✆ 02 43 68 51 54 – www.juvigne.fr

NOTRE-DAME-DE-MONTS

2 105 HABITANTS

Charmante station balnéaire sur la côte atlantique, Notre-Dame-de-Monts offre un cadre naturel au riche patrimoine arboré. Entre plage, forêt et marais, les espaces naturels y sont variés et protégés : La Forêt des Pays de Monts et son écosystème très diversifié ; Biotopia, véritable centre de découverte de la forêt et du littoral ; Le Jardin du Vent, aux aménagements paysagers remarquables…

Pratique

- **Prix national de la valorisation environnementale (2020).**
- **Le marché hebdomadaire** a lieu tous les dim. matins (jeu. en période estivale), place de l'Église.
- **Mairie :** 4, rue de la Barre.
✆ 02 51 58 83 02
www.ville-notre-dame-de-monts.fr

© DIDIER SAN MARTIN - STOCK.ADOBE.COM

Plage du Bois Soret à Notre-Dame-de-Monts.

LASSAY-LES-CHÂTEAUX

2 290 HABITANTS

Dans le Parc naturel régional Normandie-Maine, Lassay-les-Châteaux est dominée par son château fort médiéval classé Monument Historique. La ville abrite également de beaux lavoirs et des jardins à thèmes : la roseraie et ses 350 espèces ; le jardin médiéval qui abrite des fleurs et légumes anciens, ainsi qu'une collection de plantes aromatiques médicinales ; ou encore les jardins-terrasses de la mairie… Chaque été, les habitants se costument pour de savoureuses visites théâtralisées.

© CLAUDIO GIOVANNI COLOMBO - SHUTTERSTOCK.COM
Château de Lassay.

Pratique

- **Prix de la mise en valeur du patrimoine (2022).**
- **Le marché hebdomadaire** a lieu tous les mer. matins sur la place de la mairie.
- **Mairie :** 18, place du 8 Mai 1945.
✆ 02 43 04 71 53
www.lassay-les-chateaux.fr

LES LUCS-SUR-BOULOGNE

3 522 HABITANTS

Au cœur du bocage vendéen, Les Lucs-sur-Boulogne offre un cadre verdoyant exceptionnel. Les berges aménagées de la Boulogne sont particulièrement appréciées des visiteurs, avec sentiers pédestres et circuits vélos qui permettent de découvrir les environs. De nombreuses actions en faveur de l'environnement sont mises en place sur la commune, comme la plantation d'un arbre pour chaque naissance.

LE COTEAU DU PETIT LUC

Un véritable trait d'union entre les différents parcs de la ville : une passerelle enjambe la Boulogne et rejoint le parc de l'Historial ; un chemin creux datant du Moyen Âge dirige vers le jardin de la Chapelle ; en longeant le plan d'eau, on découvre le Val de Boulogne et les pistes cyclables de Vendée.
Liaison douce entre le bocage et le bourg, la ceinture verte offre de nombreux accès aux différents quartiers de la ville et invite à la promenade dans un environnement très boisé.

Pratique

- **Le marché** a lieu le 2e mar. matin de chaque mois, Place du Sénéchal.
- **Mairie :** 164, avenue des Pierres Noires.
✆ 02 51 31 21 29
www.leslucssurboulogne.fr

MOUCHAMPS

NOUVEAU 2024

3 016 HABITANTS

Au cœur du bocage vendéen, Mouchamps domine la vallée du Petit Lay depuis son escarpement rocheux et offre de magnifiques points de vue sur les coteaux. Bordée par la forêt du Parc Soubise, on y découvre de jolies petites ruelles pittoresques aux vieilles maisons typiques de la Renaissance, propices à la flânerie. Le village est également le berceau de la famille Clemenceau, dont Le Colombier est le château appartenant à la famille depuis la fin du XVIIe siècle.

© THAT FRENCH BLOKE - SHUTTERSTOCK.COM

Vue de la campagne autour de Mouchamps.

À PIED OU À VÉLO

De nombreux sentiers de randonnée et autres pistes cyclables permettent de sillonner le territoire et d'en découvrir toutes les facettes. Le long du Petit Lay, le sentier du Colombier permet notamment de se rendre au verger conservatoire. Le jardin arboré « Les coteaux de la Fontaine » est également l'endroit idéal pour admirer le panorama sur la ville.

Pratique

- **Le marché hebdomadaire** a lieu tous les ven. matins, place Clemenceau.
- **Mairie :** 11, rue du Commandant Guilbaud. ✆ 02 51 66 21 01 www.mouchamps.com

NANTES

321 568
HABITANTS

Ville et métropole dynamique, Nantes est la capitale des Pays de la Loire. La ville est notamment célèbre pour ses maraîchages et son horticulture, et dispose d'un patrimoine architectural et paysager remarquable. Sous l'impulsion de Louis XV, chaque capitaine de navire nantais devait « revenir avec au moins trois plantes » de ses expéditions – espèces que l'on retrouve de nos jours dans les jardins de la ville.

AU CŒUR DU VÉGÉTAL

Le jardin des Plantes est un véritable écrin de verdure en plein centre-ville qui abrite des collections uniques : 600 variétés de camélias, un magnolia d'Hectot bicentenaire, un très rare pin Wollemi…

On y découvre également plusieurs espaces : la serre de l'île aux palmiers ; les serres tropicales du Grand Blottereau et leurs collections exotiques (plantes textiles, à épices, à parfums, plantes médicinales et alimentaires, bois…) ; la serre des milieux arides et ses cactées de « Camboulive » ; la serre des Canaries aux plantes typiques de l'archipel ; et un palmarium.

UNE FAUNE À PROTÉGER

Grâce à ses différents milieux naturels, Nantes recense 4 000 espèces de faune et de flore sauvages à préserver, telles que : l'angélique des estuaires, endémique du territoire ; la fritillaire pintade, que l'on retrouve dans les prairies humides ; la loutre d'Europe, de retour depuis une trentaine d'années ; ou encore le martinet noir se nichant dans les bâtiments.

Pratique

- **Fleur d'Or (2021).**
- **Prix national de l'Arbre (2024).**
- **Prix de l'action éducative et citoyenne (2024).**
- **Les marchés :** sam. matins, sur le terre-plein de l'île Gloriette ; marchés par quartiers en semaine.
- **Hôtel de ville :** 2, rue de l'Hôtel de Ville. ✆ 02 40 41 98 58 – www.nantes.fr

© KEVIN_GUILLOIS - STOCK.ADOBE.COM.

Serre du jardin des plantes à Nantes.

PORNICHET

11 828 HABITANTS

En bordure de littoral, Pornichet dispose d'un patrimoine naturel remarquable avec notamment trois plages labellisées Pavillon Bleu. Entre bocage et marais, le territoire est entrecoupé de nombreux sentiers de randonnée, tels que le GR34, qui permettent de découvrir la faune et la flore locales. Le centre-ville est égayé par les villas colorées d'artistes, attirés autrefois par les cures médicales de la ville.

© MARCEL - STOCK.ADOBE.COM

Chemin de Pornichet.

UN APPEL À LA PROMENADE

Afin d'améliorer le cadre de vie de ses habitants, le centre-ville a été réaménagé tel un îlot de verdure, comme en témoigne Le Bois des Evens, véritable poumon vert de Pornichet. Un espace multimodal permet également de laisser sa voiture aux portes de la ville et d'accéder au centre-ville à pied ou à vélo.

On peut également découvrir le territoire en se lançant sur l'un des nombreux sentiers pédestres et autres circuits de randonnée.

DES ACTIONS VERTES

Plusieurs lieux de vie fédérateurs et supports d'animations ont été implantés par la municipalité : pergolas fruitières, jardins comestibles, ruches, refuges à insectes, ou encore vergers conservatoires.

Pratique

- **Les marchés :** les mer. et sam. matins, avenue des Pins.
- **Hôtel de ville :** 120, avenue du Général. de Gaulle ✆ 02 40 11 55 55 www.ville-pornichet.fr

LA ROCHE-SUR-YON

56 500 HABITANTS

Au cœur de la Vendée, La Roche-sur-Yon mêle histoire et nature en parfaite harmonie. Surnommée « la ville aux 7 vallées », elle fut créée en 1804 par Napoléon comme un symbole de modernité. « Capitale française de la biodiversité » en 2021, c'est une véritable ville-nature fleurie en toutes saisons, qui se découvre au gré de balades champêtres.

UNE VILLE VERTE

En plein centre-ville, la place Napoléon offre une magnifique vaste esplanade agrémentée d'espaces engazonnés, avec 8 bassins, des centaines d'espèces végétales (fleurs, arbres, plantes) et de nombreux animaux – qu'ils soient mécaniques ou bien réels comme les carpes koïs. Cet ancien parking est un bel exemple de revégétalisation urbaine, avec des espaces engazonnés où il n'est pas rare de voir les habitants profiter du soleil sur les transats mis à disposition.

La ville dispose également de près de 40 ha de verdure, entre parcs et jardins : le Chaos de Piquet, peuplé de granits et de rivières sauvages ; le parc du Château de Nesmy, entouré de vestiges du XIe siècle ; les jardins sensoriels à vocation thérapeutique du Centre Hospitalier Georges Mazurelles ; le jardin éphémère et ses 4 espaces thématiques…

DES ESPACES NATURELS REMARQUABLES

Sillonnée par l'Yon et la Riallée, et avec 450 mares sur son territoire, la ville arbore de beaux espaces naturels préservés. Poumon vert dans la ville et réservoir de biodiversité, le site des Coux est également le point de départ d'une coulée verte qui s'étend aux différents quartiers.

Pratique

- **Fleur d'Or (2020).**
- **Prix national de la diversité végétale (2023).**
- **Les marchés :** mer. ven. et sam. à la Ferme de la Vergne ; dim. place Viollet-le-Duc ; mer. et sam. sur le parvis du centre commercial de La Garenne ; marché des Halles en semaine.
- **Hôtel de ville :** Place du Théâtre. ✆ 02 51 47 47 47 – www.larochesuryon.fr

© ZIGEE - STOCK.ADOBE.COM

La place Napoléon à La Roche-sur-Yon.

SAINT-BRÉVIN-LES-PINS

14 411 HABITANTS

Sur l'estuaire de la Loire, Saint-Brévin-les-Pins dispose d'un environnement exceptionnel et préservé face à l'océan. Son territoire est en grande partie couvert par une forêt de 100 000 pins et plusieurs sentiers pédestres permettent de découvrir les environs : dunes boisées, plages de sable fin, forêt urbaine préservée, rives de Loire… Le parc du Littoral offre notamment une vue imprenable sur l'estuaire et le Fort de Mindin.

© GUITOU60 - STOCK.ADOBE.COM

Pêcherie à Saint-Brévin-les-Pins.

Pratique

- **Les marchés :** mer. matin, Place de l'Ermitage ; les jeu. et dim. matins, place Henri-Baslé ; et sam. matin, avenue du Président-Roosevelt.
- **Mairie :** 1, place de l'Hôtel de Ville.
✆ 02 40 64 44 44
www.saint-brevin.fr

SAINT-JEAN-DE-MONTS

8 843 HABITANTS

Entre océan, forêt et marais, Saint-Jean-de-Monts est une jolie station balnéaire de la Côte de Lumière. Séparée en deux par un cordon dunaire planté de pins, on y découvre plusieurs espaces naturels préservés : les plages longues de 8 km ; le marais d'eau douce de l'arrière-pays ; la forêt communale et celle domaniale des Pays de Monts… Le centre-ville offre une végétation abondante et une coulée verte relie les différents espaces naturels de la commune.

Pratique

- **Fleur d'Or (2014).**
- **Les marchés :** les mer. et sam. matins, place Jean Yole.
- **Hôtel de ville :** 18, rue de la Plage.
✆ 02 51 59 97 00
www.saintjeandemonts.fr

© JULIEN LEIV - STOCK.ADOBE.COM

Vers la plage de Saint-Jean-de-Monts.

SAINTE-GEMMES-SUR-LOIRE

3 552 HABITANTS

Au sud d'Angers, Sainte-Gemmes-sur-Loire est idéalement situé entre Maine et Loire dans un « triangle vert » fertile. Autrefois lieu de villégiature bourgeois, on y trouve toujours de jolies maisons en tuffeau aux jardins en terrasse qui donnent sur le fleuve. Patrimoines naturel, horticole et maraîcher se complètent pour offrir une richesse botanique remarquable, et des sentiers de randonnée à pied et à vélo permettent de découvrir les bords de Loire.

LES JARDINS DU PRESBYTÈRE

L'endroit regroupe un majestueux jardin à la française, et les jardins de couleurs symbolisant les éléments forts de la commune : le bleu pour la Loire (agapanthes, hortensias, aconits…) ; le vert pour les prairies (hellébores, fougères…) ; et le jaune pour le sable ligérien, planté en terrasse (hémérocalles, iris, dahlias…).

LE CLOS DES VIGNES

Face à l'île aux Chevaux, le lieu est labellisé Jardin remarquable méditerranéen, clin d'œil aux plantes ramenées en Anjou par le roi René comme les lavandes, pins, cyprès, romarin et palmiers.

Pratique

- **Le marché hebdomadaire** a lieu tous les ven. matins, avenue du Commerce.
- **Mairie :** 2, place de la Mairie. ✆ 02 41 66 75 52 www.sainte-gemmes-sur-loire.fr

© D.R.

Jardins du Presbytère à Sainte-Gemmes-sur-Loire.

SAINT-LOUP-DU-GAST

378 HABITANTS

Au cœur du bocage mayennais, Saint-Loup-du-Gast possède un patrimoine historique et naturel remarquable. Plusieurs sentiers de randonnée s'offrent à vous pour découvrir le paysage typique du territoire : circuit découverte jusqu'au lac de Haute-Mayenne ; vélo-rail le long de l'ancienne ligne de chemin de fer en surplombant la Mayenne sur le viaduc de la Rosserie, tout en observant la faune et la flore locales.

Pratique

- **Mairie :** 2, place de la Mairie ✆ 02 43 00 80 61 - www.mairie-saint-loup-du-gast.fr

© BRU_GREG - ISTOCK.COM

Les bords verts de la Mayenne.

TRÉLAZÉ

15 124 HABITANTS

Au cœur de l'Anjou, Trélazé offre un paysage atypique, témoin de son passé industriel lié à l'exploitation de l'ardoise. Cette facette du territoire se découvre par une visite au musée de l'ardoise, ou encore en se baladant dans le parc ardoisier qui offre des paysages minéraux et végétaux. Le parcours « Loire à Vélo » passe également sur la commune et permet d'en découvrir les différentes facettes, dont ses arbres remarquables.

Pratique

- **Prix de la mise en valeur du patrimoine (2023).**
- **Le marché hebdomadaire** a lieu tous les dim. matins.
- **Mairie :** Place Olivier Thuau. ✆ 02 41 33 74 74 www.trelaze.fr

Ville de Menton.

© PK-PHOTOS - ISTOCK.COM

PROVENCE-ALPES-CÔTE D'AZUR

Sous le soleil du sud, la région Provence-Alpes-Côte d'Azur (PACA) abrite 5 millions d'habitants répartis sur six départements : Alpes-de-Haute-Provence, Hautes-Alpes, Alpes-Maritimes, Bouches-du-Rhône, Var et Vaucluse. La région se divise entre la Provence, qui borde l'Italie et offre des paysages vallonnés de vignobles, d'oliveraies et de champs de lavande colorés, et la Côte d'Azur, avec ses stations balnéaires prisées par les touristes, telles que Nice et sa célèbre Promenade des Anglais, Cannes et la Croisette, ou encore Saint-Tropez et son port « jet set ». De nombreux vestiges historiques s'y trouvent, parmi lesquels des châteaux, des vestiges gallo-romains, des forts côtiers et des fortifications alpines.

ANTIBES JUAN-LES-PINS

NOUVEAU 2024

76 994 HABITANTS

Au bord de la mer Méditerranée, Antibes est une ancienne place forte romaine. Elle doit notamment sa renommée aux Années folles et à son quartier-station balnéaire de Juan-les-Pins qui attirait des figures littéraires telles que Fitzgerald, Dos Passos ou encore Hemingway. Antibes possède également une longue histoire horticole : depuis 1884, on y cultive la rose dans des établissements réputés.

© D.R.

Jardin des Poètes à Antibes.

UNE VILLE QUI FLEURE BON LA MÉDITERRANÉE…

Antibes comporte de nombreux parcs et jardins plantés d'essences méditerranéennes, de fleurs sauvages ou bien d'espèces protégées, comme c'est le cas du jardin botanique de la Villa Thuret et sa collection de végétaux exotiques rares.

… ET LES SOUS-BOIS

L'arbre occupe une place particulièrement importante en ville, avec notamment la présence du bois de la Garoupe, véritable forêt méditerranéenne composée de pins, de chênes et d'arbousier.

Le jardin Pauline est l'endroit idéal où admirer palmiers, oliviers séculaires, pins parasols, rosiers et lauriers, ainsi qu'un pin du Chili préhistorique et des arbousiers centenaires.

Pratique

- **Marchés** : tous les mar. jeu. et sam. matins, place De Gaulle ; les mer. après-midi, place Jean Aude ; jeu. matins le long du boulevard Albert 1er ; ven. matins au Pont Dulys ; et dim. matins sur l'Espalanade Championnet.
- **Hôtel de ville** : Cours Masséna. ✆ 04 92 90 50 00 www.antibes-juanlespins.com

CANNES

74 686 HABITANTS

Ancien village de pêcheurs devenu ville glamour grâce au Festival de cinéma du même nom, Cannes abrite également de nombreux trésors naturels. On y découvre ainsi un territoire unique qui offre l'un des plus beaux panoramas du monde, ainsi que des espaces naturels exceptionnels tels que les îles de Lérins, le Parc naturel forestier de la Croix-des-Gardes et sa forêt de mimosas avec une vue à 360° sur la baie, le parc de la Roseraie et ses milliers de roses, ou encore le massif de l'Esterel.

© BWZENITH - ISTOCK.COM.

Vue aérienne sur le Vieux Port de Cannes.

Pratique

- **Marchés** : en semaine places Gambetta et Paul Roubaud.
- **Hôtel de ville** : Rue Félix Faure.
✆ 04 97 06 40 00 – www.cannes.fr

HYÈRES-LES-PALMIERS

55 798 HABITANTS

Hyères porte bien son nom, avec pas moins de 7 000 palmiers sur son territoire. Divisée en 4 fractions (Les Salins, Giens, L'Ayguade et La Capte) et 3 îles (Porquerolles, Port-Cros et Levant), elle offre un cadre exceptionnellement riche en biodiversité, comme en témoigne le plus bel herbier de posidonies de la côte méditerranéenne française de la baie de Giens.

DES JARDINS REMARQUABLES

Le parc Olbius Riquier est un véritable jardin d'acclimatation qui offre un parcours de visite entre massifs odorants et végétaux exotiques, dont de nombreuses essences rares à découvrir dans la serre. Au pied de la villa Noailles, les terrasses étroites du parc Saint-Bernard surplombent la Vieille Ville et offrent un paysage de maquis méditerranéen tout à fait exceptionnel, avec une grande variété de plantes sur 4 ha. Le parc Sainte-Claire est une belle oasis dans les hauteurs de la ville, composée d'une collection d'essences subtropicales, en provenance d'Amérique du Sud et d'Australie.

Pratique

- **Prix national de la valorisation paysagère (2022).**
- **Le marché hebdomadaire** a lieu tous les samedis matins, avenue Gambetta.
- **Hôtel de ville** : 12, avenue Joseph Clotis.
✆ 04 94 00 78 65 – www.hyeres.fr

© MAJONIT - SHUTTERSTOCK.COM

Église Saint-Paul de Hyères.

BORMES-LES-MIMOSAS

8 277 HABITANTS

Dès que l'on prononce le nom de Bormes-les-Mimosas, des effluves de cette fleur jaune typique s'envolent jusqu'à nous. Ce village typique du littoral méditerranéen offre un cadre exceptionnel et préservé, où nature et histoire cohabitent en belle harmonie. Véritable art de vivre, le fleurissement est ici célébré par les habitants lors du salon annuel « Mimosalia » ou encore à l'occasion du traditionnel « Corso Fleuri ».

PARC DU CIGALOU

Au cœur du village, ce parc sera l'occasion d'une promenade entre eucalyptus, cèdres centenaires et autres palmiers (dont deux Jubea chilensis), avec vue sur la baie et les îles d'Or.

LE JARDIN BOTANIQUE

Une magnifique collection de plantes tropicales et méditerranéennes de près de 90 espèces rares : fuchsias, lantanas, hibiscus, abutilons, sauges, bananiers, papyrus, callandrias…

PARC GONZALEZ

Embarquez pour l'Australie dès l'entrée de ce parc ! Dans ce « Jardin remarquable », tout est australien : les plantes, dont 500 espèces rares, mais également les dallages et autres rochers utilisés dans les allées et massifs.

Pratique

- **Prix du jardinier (2018).**
- **Prix national de la diversité végétale (2015).**
- **Le marché hebdomadaire** a lieu le mardi matin, quartier du Pin.
- **Mairie** : 1, place Saint François.
  ✆ 04 94 05 34 50
  www.ville-bormes.fr

© ELENA SKALOVSKAIA - STOCK.ADOBE.COM

Bormes-les-Mimosas.

CASSIS

7 149 HABITANTS

Cassis, petit village historique de pêcheurs, séduit ses visiteurs par son côté pittoresque et provençal combiné à un environnement naturel exceptionnel. Immergée dans ses racines traditionnelles, Cassis offre un panorama magnifique entre forêts de pins, roches ocre ou blanches, et vignobles de plaine ou en restanques.

© BORIS STROUJKO - STOCK.ADOBE.COM

Cassis depuis le Cap Canaille.

UN PAYSAGE EXCEPTIONNEL

Au bord de la Méditerranée, Cassis est entourée par le Cap Canaille, la plus haute falaise maritime d'Europe, et les Calanques de calcaire blanc. Le paysage naturel est sublimé par un fleurissement original et coloré, comme une réponse aux couleurs des maisons de pêcheurs qui bordent les places du village.

UN VIGNOBLE DE POCHE

À l'abri du Cap Canaille, le vignoble de Cassis est ainsi planté sur la plus haute falaise maritime de France. Avec seulement 210 hectares, c'est un petit vignoble qui produit un vin rare distribué par 12 vignerons : 1 million de bouteilles par an, soit une bouteille pour un pied de vigne !

LA CALANQUE DE PORT-MIOU

Seule calanque située sur le territoire de Cassis, Port-Miou est un site exceptionnel où l'on peut notamment découvrir une mystérieuse rivière souterraine. Façonné par l'homme pour en extraire la pierre de Cassis, le site est depuis protégé et des actions en faveur de la préservation de la faune et de la flore marines locales sont mises en place par la commune.

Pratique

- **Prix national de l'attractivité touristique (2024).**
- Cassis fait partie du Parc national des Calanques.
- **Le marché hebdomadaire** a lieu tous les mer. et ven. matins places Baragnon et Clemenceau, et rues Gervais et de l'Arène.
- **Hôtel de ville** : Place Baragnon. ✆ 04 42 18 36 36 www.cassis.fr

GRÉOUX-LES-BAINS

NOUVEAU 2024

2 939 HABITANTS

Aux portes des Gorges du Verdon, Gréoux-les-Bains est la première commune labellisée 4 Fleurs dans le département des Alpes-de-Haute-Provence. C'est un village provençal aux multiples facettes : centre ancien, thermes troglodytes, château des Templiers et rempart médiéval, ruelles étroites et andrones, passages voûtés, lavoirs… Ainsi que le point de départ idéal pour la découverte du Parc naturel régional du Verdon et ses paysages typiques, entre champs de lavandes, oliveraies, canyons et garrigue.

© MARINA - STOCK.ADOBE.COM

Le village de Gréoux-les-Bains.

VUE SUR LE VERDON

Situé sur un promontoire, le parc Morelon offre une vue plongeante sur la rivière et abrite de nombreuses essences végétales : Ginkgo Biloba, pin sylvestre, pin d'Alep, épicéa…
Les bords colorés du Verdon offrent aussi de nombreuses activités de plein air : jeux pour enfants, aire de fitness, piste de BMX, sentier « des pêcheurs » …

UN HAVRE DE VERDURE

Le parc Oliva est une véritable oasis de verdure bordé par le canal de Pontoise. On y trouve notamment des arbres emblématiques : ifs, magnolias étoilés et grandiflora, viornes, sophora pleureur, cerisiers à fleurs, et autres houx et bruyères.
Le magnifique tilleul du jardin de Marthe offre quant à lui un point d'ombre apprécié des visiteurs, tandis que les oliviers permettent aux élèves de l'école primaire de fabriquer de l'huile d'olive.

Pratique

- **Le marché hebdomadaire** a lieu tous les mar. matins, place de l'hôtel de Ville.
- **Hôtel de ville** :
Place de l'Hôtel de Ville.
✆ 04 92 78 00 25
www.mairie-greouxlesbains.fr

ISTRES

45 246
HABITANTS

Encadrée par les deux magnifiques étangs de Berre et de l'Olivier, Istres jouit d'un cadre exceptionnel et préservé en bord de Méditerranée. Son patrimoine, aussi bien architectural que naturel, est mis en avant par un fleurissement de qualité et en bonne harmonie. Entre collines, pinèdes et bord de mer, les espaces naturels ne manquent pas sur le territoire, et sont propices à la détente, comme aux loisirs.

L'ÉTANG DE L'OLIVIER

Une belle promenade aménagée sur les rives de cet étang de 200 ha, qui offrent un itinéraire des plus agréables. En surplomb, un jardin méditerranéen met en avant une centaine d'essences différentes de plantes et d'arbustes.

PARC DES ROCHES BLANCHES

Le nom de la ville d'Istres vient probablement des bancs d'huîtres fossilisées que l'on découvre dans la partie est du parc. C'est également un lieu de randonnée, puisque deux itinéraires y font escale : « Entre ville et Nature » et « D'un beau regard à l'autre ».

Pratique

- **Le marché hebdomadaire** a lieu tous les mar. matins, allées Jean Jaurès.
- **Hôtel de ville** : 1, esplanade Bernardin Laugier.
✆ 04 13 29 50 00
www.istres.fr

© PAGE FREDERIQUE - STOCK.ADOBE.COM

Étang de Berre.

LE LAVANDOU

6 045 HABITANTS

Cet ancien petit port de pêche, niché entre la Méditerranée et le massif des Maures, est un vrai havre de paix prisé des touristes. Un coin ensoleillé qui ne manque pas d'activités pour découvrir le patrimoine naturel local, entre visites guidées nature et sentiers pédestres. La commune est également composée à 80 % d'espaces boisés classés, avec plus de 4 000 arbres pour une centaine d'espèces différentes.

© TRAVEL-FR - SHUTTERSTOCK.COM

Plage du Lavandou.

LE SENTIER DU LITTORAL

Sentier pédestre de 3 km au bord de l'eau, aussi connu sous le nom de « sentier des douaniers », c'est la balade idéale pour prendre une bouffée d'air frais. L'occasion aussi d'admirer le magnifique panorama sur les îles de Port-Cros et du Levant, et de découvrir la nature méditerranéenne.

LES RESTANQUES DE SAINT-CLAIR

Considérées comme l'un des deux poumons verts de la ville, avec les collines de Cavalière, les restanques sont un site naturel où l'on peut trouver des ruches, un potager, ainsi que des arbres fruitiers typiques de la région (oliviers, amandiers…).

Pratique

- **Les marchés** : les lun. et jeu. matins, place du marché ; et dim. matins, sur le parvis de l'Hôtel de Ville.
- **Mairie** : Place Ernest Reyer.
✆ 04 94 05 15 71
www.le-lavandou.fr

MENTON

31 163 HABITANTS

Entre mer et montagne, entre France et Italie, Menton est une terre fertile gorgée de soleil. Reconnue pour sa variété de citron à l'écorce parfumée, la ville lui rend honneur tous les hivers lors d'une fête traditionnelle toute en agrumes. Avec un climat doux et ensoleillé tout au long de l'année, toutes les saisons sont bonnes pour découvrir la ville et déambuler dans ses ruelles colorées.

DES JARDINS REMARQUABLES

Qu'il s'agisse du jardin de la villa Maria Serena avec ses palmiers, cycas et plantes tropicales entourant la magnifique maison construite par Charles Garnier ; ou encore du jardin Fontana Rosa, de style Belle Époque et parsemé de ficus macrophylla, palmiers, bananiers et de roses odorantes, Menton regorge d'espaces à découvrir au gré de balades ensoleillées.

SQUARE DES ÉTATS-UNIS

Jardin contemporain, d'agrément et de découverte, c'est un lieu de promenade prisé par les familles. Il ravira également les amateurs de botanique qui y découvriront les noms des arbres au sol, accompagnés de dessins de leurs feuilles sur le dallage.

Pratique

- **Prix national de la diversité végétale (2014).**
- **Le marché du Careï** a lieu tous les matins, sous le pont de chemin de fer.
- **Hôtel de ville** : Place Ardoino.
✆ 04 92 10 50 00
www.menton.fr

© MARY BOTTACIN - SHUTTERSTOCK.COM

Jardin botanique de Val Rahmeh à Menton.

NICE

346 000 HABITANTS

Nice et sa célèbre Promenade des Anglais font la renommée de la Côte d'Azur. Entre bord de mer, vieille ville et arrière-pays, le paysage est parsemé de jolies maisons aux couleurs chaudes. Un détour sur la place Masséna vous permettra de découvrir la Promenade du Paillon, véritable coulée verte qui offre aux habitants un grand bol de nature, en plein cœur de ville. Suivez les odeurs de socca et de pissaladière à travers les petites ruelles pour découvrir les nombreux parcs et jardins niçois : près de 180 !

LE JARDIN BOTANIQUE

L'endroit idéal pour profiter d'une vue imprenable sur l'embouchure du Var et admirer le panorama des Alpes au massif de l'Esterel. Avec plus 3 000 variétés de plantes du monde entier, essentiellement méditerranéennes dont certaines tropicales, il est fleuri tout au long de l'année.

VÉGÉTALISATION ET ARCHÉOLOGIE

Sur le site archéologique de Cimiez, vous pourrez découvrir une oliveraie centenaire très bien préservée. On y trouve aussi un potager et le verger des moines du Monastère, son puits central et ses pergolas anciennes recouvertes de rosiers grimpants. Une vue sur la ville qui fleure bon le Sud

BALADE EN BORD DE MER

Au départ du parc Vigier, dirigez-vous vers le jardin Félix Rainaud et son magnifique point de vue sur la mer et le cap Ferrat. Vous y découvrirez un sentier qui longe le bord de mer et qui offre une agréable promenade, ainsi qu'un escalier construit à flanc de colline permettant de rejoindre le quartier du Mont-Boron.

Pratique

- **Prix national de l'Arbre (2023).**
- **Le marché** a lieu du mar. au dim. matins sur le Cours Saleya.
- **Hôtel de ville** :
5, rue de l'Hôtel de Ville.
✆ 04 97 13 20 00
www.nice.fr

© EVA BOCEK - STOCK.ADOBE.COM

Nice et sa Promenade des Anglais.

SANARY-SUR-MER

Aux portes de Marseille et de Toulon, Sanary-sur-Mer offre un cadre traditionnel provençal et une douceur de vivre appréciée par les visiteurs de cette ville-jardin. Cet authentique port de pêche est l'endroit idéal pour flâner entre ses ruelles et placettes qui fleurent bon la vigne, l'olivier, le romarin et les fleurs d'amandier.

17 526 HABITANTS

© XBRCHX - ISTOCK.COM

Ruelle de Sanary-sur-Mer.

LE JARDIN DES OLIVIERS

Un jardin méditerranéen typique, avec moulin à huile authentique, noria et restanques en pierre sèche. On y découvre plus de 500 oliviers qui servent à la fabrication d'huile d'olive traditionnelle. Véritable laboratoire des savoir-faire provençaux, l'endroit est imprégné de belles odeurs : iris, lavande, narcisse, immortelles… mais aussi pain cuit au feu de bois !

LE CABANON DES VIGNES

Un site qui fait la part belle à l'agriculture biologique et à la permaculture, où découvrir des animaux de la ferme et un potager, et où les enfants sont sensibilisés à la biodiversité locale. On observe une végétation exceptionnelle, ainsi que de beaux massifs densifiés qui offrent de nombreux espaces de nature en ville : partout où le regard se pose, le végétal est omniprésent !

Pratique

- **Prix spécial pour la ferme pédagogique et le jardin des oliviers (2017)**
- **Prix de l'action éducative et pédagogique (2017).**
- **Le marché hebdomadaire** a lieu tous les mer. matins, le long du port et a été élu « Plus beau marché de France » en 2018.
- **Hôtel de ville** : 1, place de la République.
✆ 04 94 32 97 00
www.sanarysurmer.com

INDEX